**DOCUMENTS HISTORIQUES INÉDITS SUR LE DAUPHINÉ**

CINQUIÈME LIVRAISON

# NÉCROLOGE
## ET
# CARTULAIRE
### DES
## DOMINICAINS DE GRENOBLE

PUBLIÉS D'APRÈS LES ORIGINAUX

AVEC PLAN ET TABLE ALPHABÉTIQUE

PAR

### C.-U.-J. CHEVALIER

Prêtre

Correspondant du Ministère de l'Instruction publique
pour les Travaux historiques et archéologiques.

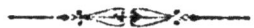

**ROMANS**
Imprimerie de Henri ROSIER
MDCCCLXX

**Tiré à 420 Exemplaires**

Dont 20 sur papier fort.

Nº

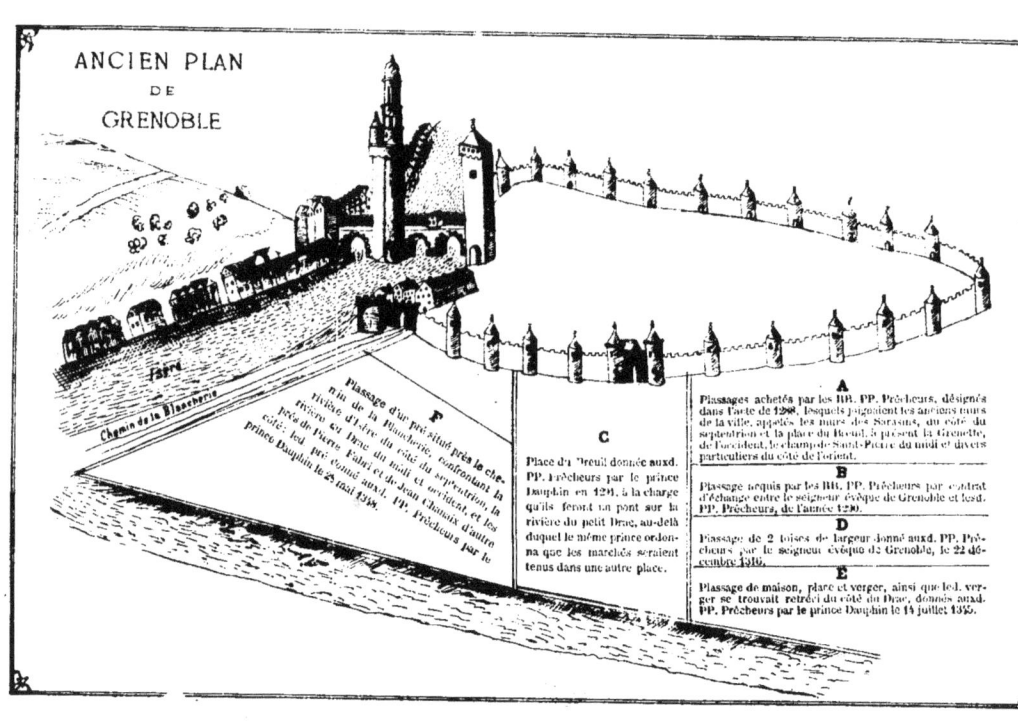

DOCUMENTS HISTORIQUES INÉDITS

SUR LE DAUPHINÉ.

# NECROLOGIUM

## CONVENTUS

# FRATRUM PRAEDICATORUM

## GRATIANOPOLIS

Ex cod. originali in archivis episcopii Gratianopolitani
asservato descripsit, indice notisque illustravit

### C.-U.-J. CHEVALIER

S. C. E. presbyter.

*L'original du Nécrologe des Dominicains de Grenoble, conservé aux archives de l'évêché de Grenoble, formait à l'origine un cahier d'une quarantaine de feuillets en vélin, de 32 cent. de hauteur sur une largeur de 19 : il manque aujourd'hui ceux qui auraient été numérotés 2, 3, 5 à 7, 9, 12 à 14, 16; de plus, le tiers supérieur, tombant de vétusté, a été retranché des feuillets subsistants. Ce qui reste de ce document est couvert d'une feuille de parchemin, sur le plat de laquelle on a écrit:* In hoc manuscripto continentur nomina quorumdam religiosorum in conventu Gratianopolitano ordinis Praedicatorum defunctorum. *La même main a eu soin de relever sur ce qui a été retranché les anniversaires encore lisibles et de les inscrire au bas de leurs pages respectives. Les dates mémorables de l'ordre des Dominicains et du couvent de Grenoble, qui ouvrent notre texte, sont au r° du f° 1; le Nécrologe commence au f° 2 r°. Chaque page comprend six jours, à chacun desquels étaient consacrées cinq lignes tracées à l'encre. Chaque jour est désigné par le quantième (en chiffres romains), à l'encre rouge, et par la lettre dominicale, alternativement rouge et bleue. Les fêtes et quelques anniversaires généraux sont également en rouge: nous les avons distingués par des petites capitales. Rédigé vers l'an 1400 (comme nous l'inférons des n°⁵ 7 et 32), ce Nécrologe reçut des annotations postérieures, particulièrement au XVII° et au XVIII° siècle. Le texte primitif a été reproduit en romain, le reste en italique. Pour les autres soins donnés à cette édition, que rendait difficile l'état de délabrement de quelques parties du ms., nous renvoyons le lecteur à la notice préliminaire du* Nécrologe de Saint-Robert de Cornillon (Documents inédits relatifs au Dauphiné, *t.* II, *4° livr.*). — *Sans avoir une haute importance historique, les restes du* Nécrologe des Dominicains de Grenoble *méritaient de voir le jour; on y remarquera les éloges de quelques Pères Dominicains qui ont obtenu une certaine célébrité.*

# NECROLOGIUM

# FRATRUM PRAEDICATORUM GRATIANOPOLIS.

Anno Domini M° CC° VI° incepit ordo Fratrum Predicatorum.

Anno Domini M° CC° XC°, die dominica post Purificationem beate Marie, intraverunt fratres conventum hujus ville Gracionopolis.

Anno ejusdem millesimo CCC° nono, undecima die mensis aprilis, fuit incepta ecclesia nova fratrum Predicatorum Gracionopolis.

*Anno Domini millesimo CCCCC62 (destructa fuit ecclesia et) reedificata fuit ecclesia, post destructionem ab hereticis, in refectorio; et millesi. CCCCCC, x mensis aprilis.*

### Januarius.

. . . . . . . . . . . . . . . . . . . . . . . . . . . . . . . . . . . . . . . . . . . . . .

(1) xxviij G. — *Anno 1677, obiit R. P. F. Dominicus Blardon, in sacra theologia professor, hujus conventus alumnus, in quo bis prioris munus cum laude et zelo spiritualis et temporalis boni ejusdem exercuit.*

### Februarius.

(2) ij E. — Purificacio beate Marie. — Anniversarium fratris Johannis Revolli, quondam episcopi Aurasicensis, de conventu isto, qui fecit multa bona isti conventui.

(3) iij F. — Anniversarium domini Petri Viennesii.

(4) iiij G. — Anniversarium patrum et matrum, fratrum et sororum ordinis nostri.

(5) v A. — Anniversarium Guillelmi Ismidonis de Pasceriis, qui dedit conventui x. florenos semel.

### Martius.

(6) xv D. — Anniversarium Johannis Richardi alias Fargala, qui dedit conventui decem florenos semel; pro qua summa tenemur ire supra tumulum patris sui sepulti in angulo claustri, juxta magnam portam.

(7) xvij F. — Anniversarium fratris Raymundi de Bona, condam episcopi Vasionensis, qui dedit conventui xxx. florenos. — Eodem die, annivers. fratris Raymundi Rufi, qui dedit conventui indumenta sollempnia pro mortuis.

(8) xviij G. — Anniversarium nobilis Bonefame de Varseyo, que dedit conventui x. florenos.

(9) xxj C. — Anniversarium nobilis Alamanie de Vienoys, relicte Chaberti Bosonis. — *Item annivers. dom$^i$ Jofredi Luppe, prioris Domene, qui dedit quindecim florenos.*

(10) xxiiij F. — Anniversarium Syboudi Alamandi, domini de Revello.

### Aprilis.

(11) vij F (?). — Anniversarium Petri Barellis de Alamando, qui dedit viginti florenos pro opere ecclesie.

(12) viij G. — *(Anno) 1731, obiit Monmeliani in Sabaudia R. P. Ludovicus de Beaumont, Parisiensis doctor et hujus conventus actu prior, ætatis suæ 39. Fuit natalium nobilitate, sed maxime religiosa pietate, sapientia, prudentia et morum suavitate commendabilis; electus fuerat prior hujus conventus circa finem mensis augusti et confirmatus 19° mensis decembris anni 1729; theologiam Altissiodori per plures annos actuque summa cum laude docebat in hoc gimnasio Gratianopolitano, cum ad prioris dignitatem ob eximias dotes fuit assumptus, plaudentibus omnibus tam hujus conventus quam extraneis religiosis: at per ipsius mortem versus est in luctum chorus noster. Requiescat in pace.* —*Obiit R$^{dus}$ P$^r$ F$^r$ Joannes Nicolai Fachon Muratensis, qui fuit magister et integerimæ vitæ et multa bona fecit huic communitati, an° Domini 1626.*

(13) xiiij F. — Anniversarium Johannete Viale, uxoris Guillelmi Chalvesii, qui dedit conventui octo solidos bone monete annuales.

(14) xvj A. — Anniversarium Margarete Aurilete, matris fratris Johannis Textoris, qui dedit conventui xxviii° florenos.

(15) xvii B. — *Anniversarium Anthonii de Piro, parrochie Nostre Domine de Mesaige, et pro quibus intendit, qui dedit quindecim florenos auri semel.*

(16) xx F. — Obiit domina Beatrix Dalphina, domina Fuciniaci.

(17) xxiii A. — *Anniversarium Johannis de Molaris, abergatoris, qui dedit pro capitulo provinciali in isto conventu celebrato xv. florenos.*

(18) xxvj D. — Anniversarium dom<sup>i</sup> Guillelmi Alamandi, quondam domini Vallis Bonesii, qui dedit conventui viginti libras semel. — *Die 26 aprilis 1737, obiit R. P. Joannes Pomene, doctor Parisiensis, hujus conventus pluries prior et per multos annos philosophiæ ac theologiæ professor, ætatis suæ 75; jacet in tumulo in medio sanctuarii, in utroque jure peritissimus.*

(19) xxvij E. — Anniversarium magistri Jacobi Morelli de Buxia, qui dedit conventui decem florenos.

(20) xxix G. — Anniversarium Petri de Geria, qui dedit conventui xxx. solidos pro pictancia ipso die.

### Maius.

. . . . . . . . . . . . . . . . . . . . . . . . . . . . . . . . . . . . . . . . . . . .

### Junius.

(21) v B. — Anniversarium Leonie de Maloc, de Bello Videre.

(22) viij E. — *Hac die, anno 1706, obiit R. P. Laurentius Vallier, magister et doctor, hujusce conventus alumnus, multoties prior, semel et iterum provincialis, aliquando definitor generalis, prædicator eximius, de ordine bene meritus et sui conventus benefactor, ætatis circiter 78.*

(23) x G. — Anniversarium Margarete Paschalis, condam uxoris Guillonis Garsini. — *Hac die, anno 1726, obiit R. P. F. Petrus de Montferrat, splendidis natalitiis valde clarus, sed eximiis virtutibus et meritis longe clarior, magister in theologia, hujusce conventus alumnus, multoties prior, ætatis suæ circiter 60, professionis vero 43; jacet in tumulo qui est in medio sanctuarii; theologiam per plures annos summa cum laude docuit in hoc licæo Gratianopolitano.*
(24) xj A. — Anniversarium Jacquemeti.
(25) xiij C. — *Hac die............, obiit R. P. Benedictus Folcuet(?), doctor Parisiensis, hujusce conventus alumnus, quondam provincialis, multoties prior in hocce conventu et in pluribus aliis, de ordine benemeritus, ætatis suæ anno circiter 82.*
(26) xvj F. — Obiit frater Michael Juliani, hujus conventus, qui fuit visitator Campanie, prior et lector hujus conventus, a quo multa bona habuit.

## Julius.

(27) ij A. — *Obitus Andreæ, unici filii* (add. *infantis Humberti II*[i], *cujus ossa jacent in medio chori), obiit anno 1338.*
(28) iij B. — Anniversarium Martini Bleyn, qui dedit conventui xxv. florenos.
(29) iiij C. — Annivers. dom[i] Johannis Terracii, capellani, qui dedit conventui xv. florenos.
(30) vij F. — Anniversarium dom[i] Petri Eynardi, domini de Geria, qui dedit conventui duos florenos annuales et conventus recepit pro semel quadraginta. — EODEM DIE, ANNIVERSARIUM OMNIUM SEPULTORUM IN CIMITERIIS ORDINIS NOSTRI. —*Hac die, anno 1710, obiit f. Georgius Garnier conversus, hujusce conventus alumnus, ætatis 92.*
(31) viij G. — *Hac die, anno 1716, obiit R. P. Ludovicus Mainthier, prædicator generalis, hujusce conventus alumnus, ætatis 48; jacet in tumulo qui est in medio chori.*
(32) ix A. — Anniversarium reverendi in Xpisto patris

ac domini nostri dom' Aymonis de Chistiaco, episcopi Gracionopolitani, qui tali die, anno Domini mille<sup>mo</sup> CCCC<sup>mo</sup> XXX<sup>o</sup>, ecclesiam hujus conventus consecravit, et pro die et octavis in futurum dedit quadraginta dies indulgencie, insuper et pro fortificacione conventus dedit decem ducatos auri.

(33) xv G. — Anniversarium Rodulphe, relicte magistri Symonis, que dedit conventui LX<sup>a</sup> florenos.

(34) xvj A. — Anniversarium Lantermi Filosi de Vivo, qui dedit conventui x. florenos.

(35) xix D. — Anniversarium Falqueti, qui dedit conventui xxx. libras.

(36) xxij G. — Anniversarium dom<sup>e</sup> Beatricis de Castinatico, quondam domine de Ponte. — EODEM DIE, FESTUM SANCTE MARIE MAGDALENES. — *Anniversarium parentum fratris Johannis de Majoribus sepultorum in presenti ecclesia, racione quorum conventus habuit decem scuta auri exposita pro organorum fabrica.*

(37) xxiiij B. — Anniversarium Nicholai de Angoniis, qui dedit conventui..... annuatim..... — ..... *(et debet)* conventus dicta die celebrare 1. missam.....

(38) xxv C. — SANCTI JACOBI APOSTOLI. — Anniversarium dom<sup>i</sup> Aymonis de Clasio, canonici ecclesie majoris. — Eodem die, obiit Andreas de Valle Navigio, qui legavit conventui unam pictanciam in utroque festo beatorum Jacobi majoris et minoris, et cuilibet fratri celebranti ipso die unum grossum annuatim.

(39) xxvj D. — *Anniversarium Johannis Jaquemini de regno, parrochie Sancti Genesii de Malifaut, Lugdunensis diocesis, qui dedit dicto conventui decem florenos.*

(40) xxvij E. — Anniversarium dom<sup>i</sup> Gileti militis, qui dedit conventui unum calicem ponderantem quinque marchas. — Eodem die, obiit Johannes de Ponte, civis hujus ville.

### Augustus.

(41) 1 C. — Anniversarium Thoineni Chasicer, qui dedit xx. florenos.

(42) ıı D. — Anniversarium fratris Stephani Poncerii conversi, qui dedit duas ampulas argenteas ponderantes duas marchas.

(43) ııj E. — Anniversarium abbatis Sancti Felicis. — Eodem die, annivers. Marcti Faverii.

(44) vj A. — Anniversarium Petri Corderii, qui dedit conventui xx. [florenos]. — *Hac die, anno 1706, obiit R. P. Ludovicus Jansens, alumnus Tungrensis conventus, qui per 27 annos in hoc officium cantoris exercuit, ætatis 55; jacet in tumulo qui est in medio ecclesiæ.*

(45) vııı C. — *Anniversarium Glaudi Bournonis, qui dedit conventui xxx. florenos.*

(46) ıx D. — Anniversarium Guillelmi Mercerii. — Eodem die, annivers. Peronete de Comeriis, que dedit conventui unum calicem. — *Hac die, anno 1679, obiit R. P. fr. Petrus Actuger, hujusce conventus alumnus et cantor, ætatis suæ 47.*

(47) x E. — Anniversarium Eygeline de Rupe.

(48) xj F. — Anniversarium Johannis de Valle, qui dedit conventui... grossos annualim. — Annivers. Guillelmi.....

(49) xıj G. — Anniversarium Jacobi..... — *Hac die, anno 1724, obiit R. P. Theodorus Rossignol, sacræ theologiæ doctor et professor, ætatis suæ 58, professionis 39, hujusce conventus alumnus, multoties prior, de ordine bene meritus; jacet in tumulo qui est in medio sanctuarii.*

(50) xııj A. — Anniversarium dom<sup>e</sup> Aynarte Chanvesia, que dedit conventui xx. libras. — Eodem die, annivers. Guigonete, matris Johannis de Monte Bonodo.

(51) xıııj B. — Anniversarium dom<sup>i</sup> Johannis Ravoli, quondam episcopi Aurasicensis.

(52) xv C. — Assumpcio beate Marie Virginis. — Anniversarium Petri Viennesii.

(53) xvıj E. — ..... *quorum conventus recepit quindecim florenos.*

(54) xvııj F. — *Anniversarium Johannis Disderii, alias.... qui reliquit ecclesie quindecim florenos monete papalis.*

(55) xxj B. — *Anniversarium Margarete, relicte Ponceti Gichonis de Sancto Anthonio, hospitis fratrum hujus conventus, que dedit viginti florenos.*

(56) xxij C. — Anniversarium dom' Gileti. — Eodem die, annivers. Fr. de Cassinatico. — Eodem die, annivers. Drevonis Barranqui, qui dedit conventui xxv. florenos.

(57) xxiij D. — Anniversarium Pontii Unigeniti.

(58) xxiiij E. — Anniversarium Guillelme, uxoris Hugonis Forasterii, secretarii dalphinalis, qui dedit conventui multa bona.

(59) xxv F. — Anniversarium Symonis de Portis aliter Lymogni, qui legavit conventui xx. florenos. — *Item anniversarium Johannis Chalveti, parrochie Beate Marie de Vallibus, qui legavit conventui xv. florenos.*

(60) xxx D. — Anniversarium Rainbaudi de Monte Orserio et Falconete ejus uxoris.

### September.

(61) I F. — Aniversarium Johannete Sourelle, uxoris Johannis Chalveti de Canpis, que dedit x. florenos conventui. — *Hac die 1ª septembris 1636, obiit R. P. Laurentius Garcin, hujus conventus alumnus.*

(62) v C. — Anniversarium dom' Petri Albi (?), jurisperiti, qui dedit xx. florenos. — EODEM DIE, ANNIVERSARIUM FAMILIARIUM ET BENEFACTORUM ORDINIS NOSTRI. — *Hac die, anno 1661, obiit fr. Jacobus Mathi de Charat, conversus.*

(63) vij E. — Anniversarium fratris Johannis Ravoli, condam episcopi Aurasicensis. — Eodem die, annivers. Johannis de Valle Navigii, qui dedit conventui xx. solidos annuales.

(64) viij F. — NATIVITAS BEATE MARIE VIRGINIS. — Anniversarium dom' Petri Viennesii.

(65) xj B. — Anniversarium Clerici Mistralis, habitatoris Bol..., qui dedit conventui xx. florenos. — *Hac die, anno 1712, obiit R. P. F. Franciscus Feurier, ætatis suæ 47, hujusce conventus alumnus, olim suprior et novitiorum magister vigilantissimus, adeo bonæ vitæ suavis-*

*simo sparso odore ut populi ad defuncti feretrum confluentes, alii vestium ejus particulas derceperent* (sic), *alii rosaria cadaveri tangenda admoverent; jacet in tumulo qui est in medio sanctuarii.*

(66) xij C. — Anniversarium *magistri Petri de Chaniglliaco medici, qui dedit conventui decem florenos.*

(67) xiij D. — Anniversarium Georgii Lombardi.— *Hac die, obiit R. P. Leonardus Jail, hujus conventus, doctor Parisiensis, multoties prior et philosophiæ ac theologiæ professor, ætatis suæ 76; jacet in tumulo sanctuarii a parte epistolæ.*

(68) xiiij E. — Anniversarium domine Dalphine, *que dedit conventui crucem argenteam.*

(69) *In hoc mense 1721, obiit R. P. Baltasar Lambert, hujusce conventus alumnus, in conventu Senonensi supprior et in eodem sepultus.*

(70) xvj G. — Anniversarium fratris Raymundi.

(71) xvij A. — Obiit frater Johannes Buisonis.

(72) xviij B. — Anniversarium Andree de Valle Navigii. — *Hac die, anno 1729, obiit frater Benedictus Tabaret, conversus, ætatis suæ 80; jacet in tumulo qui est in medio chori.*

(73) xix C. — *Anno Domini millesimo quatercentesimo decimonono et die presenti decimanona mensis septembris, fuit concessa participacio quinte misse que dicitur qualibet die lune in capella Beati Jacobi pro defunctis, honeste mulieri Biatrisie, uxori Drevoni Durandi de Voyrone, petenti eciam nomine dicti sui viri et aliorum suorum pro quibus intendit perpetuis temporibus.*

(74) xx D. — Anniversarium *nobilis Ludovice de Chesia, que dedit conventui quinquaginta florenos, et debent omnes domini missam celebrantes illo die commemoracionem de ipsa facere et novissii in eorum septem psalmis.*

(75) xxij F. — Obiit Marina Petri.

(76) xxiij G. — Anniversarium fratris Johannis Boni, qui dedit x. florenos.

(77) xxiiij A. — *Hac die 24ᵉ septembris, anno Domini 1683,*

*obiit in conventu Senonensi R. Pr. fr. Franciscus Felix, præfati conventus prior et hujusce alumnus, ac multoties philosophiæ, deinde theologiæ proffessor, annum agens circiter 55*$^{um}$.

(78) xxv B. — *Hac die 25 septembris, anno 1666, obiit R. P. Nicolaus Disdier, hujus conventus alumnus et pater a consilio, annum agens quartum supra octuagesimum.*

(79) xxvi C. — Sancti Cosme et Damiani martirum. — Aniversarium Henrici de Passiaco, barbutensoris conventus, qui dedit conventui xxii. florenos auri.

(80) xxix F. — Anniversarium Johannis Sale (?), de B...., qui dedit x. florenos. — *Annivers. Peronete Garcine (?), cum participacione in quinta missa semel in ebdomada, que dedit conventui* xx$^{ti}$ *florenos auri.*

(81) xxx G. — Anniversarium Johannis Ug..ndi. — § Eodem die, annivers. Alisie Briande, uxoris Andree de Romanis, que dedit conventui x. flore...

### October.

(82) ij B. — Anniversarium Benastruc Guigone, relicte Johannis Benedicti, quomdam parentum fratris Johannis Benedicti, et pro intentis ejusdem, a qua conventus habuit decem florenos auri. — *Hac die, anno 1721, obiit f. Stephanus Bois, conversus, ætatis suæ 43, professionis 4, hujusce conventus alumnus; jacet in tumulo qui est in medio chori.*

(83) iiij D. — ..... *factus est prov[incialis]....., fuit integerrimæ vitæ, ut.... religiose et pie ita vitam finivit; fuit [benefactor et] reparator hujusce conventus.*

(84) vij G. — Anniversarium dom$^r$ Sibille, uxoris quondam fratris Guelisii *Reymondi*, fundatoris hujus conventus.

(85) viij A. — Anniversarium nobilis Johannis Dedini, qui habet participacionem principalem in duabus missis qualibet ebdomada et dedit conventui centum florenos.

(86) x C. — Anniversarium omnium fratrum et sororum ordinis nostri.

(87) xj D. — Anniversarium .....o Bononensis, clerici Dalphinalinsis.....

(88) xviij D. — Luce zuvangeliste.
(89) xix E. — Anniversarium Jofrede, uxoris Petri Vigoti.
(90) xx F. — Anniversarium Johannis Avinionis, donati nostri.
(91) xxj G. — Anniversarium Johannis Rafini, qui dedit conventui xv. florenos.
(92) xxiij B. — *Hac die anno 1660, obiit piæ et..... memoriæ R. P. Fr. Petrus Jammy, in sacra theologia magister celeberrimus ejusdemque professor in nostro collegio, qui præter alia insignis doctrinæ argumenta, B. Alberti Magni operibus proprio labo[re et ve]ro studio restitutis, reparatis, illustratis, editis, cum ipsis nomen suum famam illustravit et posteritati perpetuo transmisit.*
(93) xxv D. — Anniversarium Johannis Athena, qui dedit conventui unam summatam frumenti annuatim. — *Hac die, anno 1724, obiit R. P. F. Georgius Hebert, hujusce conventus alumnus et supprior in capite, ætatis suæ 56, multoties prior, concionatoris generalis legatione magno successus zelo functus est; jacet in tumulo qui est in sanctuario ex parte epistolæ.*
(94) xxxj C. — Aniversarium dom¹ Petri Barnodi et dom¹ Johannis Balbi, presbiterorum de Claysio, a quibus conventus recepit multa bona; anime eorum requiescant in pace, amen.

### November.

(95) iij F. — Anniversarium Johannis.....
(96) iiij G. — Anniversarium Johannis de *Auriis* de Varcia, qui dedit conventui unum florenum annuatim.
(97) v A. — Anniversarium dom¹ Vitalis Sorelli, qui dedit conventui xx. florenos.
(98) x F. — Sancti Martini episcopi.
(99) xj G. — Anniversarium (.....) de Chambaran, qui dedit conventui xxv. florenos.
(100) xij A. Anniversarium Petri Benedicti.
(101) xv D. — Anniversarium Katerine, [uxoris] Girandi Artodi, que obiit tali die, a qua conventus [habu]it x. florenos et iiij$^{or}$ amitla et duo pulchra corporalia de prima tela, pro se et amicis suis.

(102) xvj E. — Anniversarium Henrici Raymundi, pro quo conventus habuit sexviginti florenos. — *Obiit venerande memorie dom. Johannes Canacie, legum doctor, consiliarius dalphinalis, pro quo conventus tenetur facere universarium anno quolibet ista die.*

(103) xviij G. — Anniversarium Berengarie, uxoris quondam Guillelmi Rachecii, que dedit xxv. florenos.

(104) xxj C. — Anniversarium patris, matris et fratris Johanni[s de Rom]anis, pro domo de Palairey in Romanis. — *Die 21 nov. 1738, obiit R. P. Jo[annes] Lagia hujusce conventus filius, olim parochus, postea religiosus, con[ventus] Malbacensis prior, in hoc supprior et multoties sindicus, et multa bona nobis reliquit.*

(105) xxiij E. — Anniversarium dom<sup>i</sup> Guillelmi Bubodi, curati de Erbesio, qui dedit conventui xx. florenos.

(106) xxiiij F. — Anniversarium illustris domine dom<sup>e</sup> Beatricis delphine, domine Fucisniaci, que dedit conventui xxx. libras. — § Eodem die, annivers. Petri Viennesii.

(107) xxix D. — Anniversarium Falqueti draperii. — Eodem die, annivers. Hugonis Clareti de Osso, qui dedit pro lampade altaris Beati Petri martiris annuatim unum quartale nucleorum.

(108) xxx E. — Festum S<sup>i</sup> Andree. — Anniversarium Andree Zupi et uxoris ejus. — Item annivers. fratris Andree Ruffi, qui dedit duo psalteria pro utroque choro ad servicium ecclesie.

## December.

(109) iij A. — Anniversarium Petri de Auriis.

(110) iiij B. — *Hac die, anno 1679, œtatis vero 60, obiit plenus meritis et operibus bonis R. P. fr. Jacobus Pré, sacræ theologiæ doctor et professor ac hujusce conventus alumnus.*

(111) v C. — Anniversarium Audisie, condam uxoris Guigonis de Auriis.

(112) vj D. — Anniversarium Johannis Darbonis aliter Bechonis, qui dedit conventui xxii. florenos.

(113) ix G. — Anniversarium Johannis Mercerii, [qui dedit con]ventui quinquaginta libras. — *Hac die 1769, obiit in*

[hoc nostr]o conventu Gratianop. R. p. Jacobus Rochette, doctor Parisiensis, [conventus] prior et exprovincialis; jacet in tumulo qui est in [medio] sanctuarii.

(114) x A. — Anniversarium Guigonis Textoris, qui dedit conventui xx. libras.

(115) xɪ B. — Anniversarium Johannis de Villa Nova et Paschasie ejus uxoris, qui dederunt xx. florenos.

(116) xɪɪ C. — Anniversarium Petri de Boquoyrone de Romanis, qui dedit vɪɪɪ° sesteria tam bladi quam vini annuatim.

(117) xvɪ G. — Anniversarium Guigonete, uxoris condam Falqueti, pro qua conventus habuit c. ʟx. libras.

(118) xxɪ E. — Anniversarium..... dedit conventui xx. libras. — Obiit venerande memorie dom. Johannes Generis, licenciatus in legibus et..... ollissonis et consiliarius domini nostri dalphini, pro quo conventus tenetur cotidie dicere unam missam.

(119) xxɪɪɪ G. — Anniversarium Margarete, uxoris Guillelmi Garcini, que dedit conventui x. florenos.

(120) xxɪɪɪɪ A. — Anniversarium fratris Johannis Revoli, condam episcopi Aurasicensis. — *Hac die, anno 1681, obiit Parisiis in conventu Sancti Honorati ordinis nostri, R. P. fr. Alphonsus Videl, doctor emeritus facultatis Parisiensis, vir omni studiorum et virtutum genere absolutus, et in hocce conventu suo nativo professor theologiæ unanimi voce ob præclara merita electus. — Hac die, anno 1704, obiit R. P. Joannes Pelisson, pater a consilio, prior in multis conventibus, in isto suprior, procurator et sacrista, de omnibus benemeritus, hujusce conventus alumnus, ætatis suæ 77.*

(121) xxvɪɪ D. — Sancti Johannis Euvangeliste.

(122) xxvɪɪɪ E. — Sanctorum Innocentum.

(123) xxɪx F. — *Anniversarium Johannis Roberti et pro quibus intendit, qui dedit conventui septem coronas auri et unum florenum, valentes cum floreno quinquaginta florenos monete currentis.* S. Blaffardor...

*Ce qui suit a été écrit dans la première moitié du XV<sup>e</sup> siècle, à la suite du* Nécrologe :

..... [concessa est specialis partic]ipacio in missa q[ue dicitur in altari] Beati Petri martiris, et dicta Ka[therina] dedit conventui .....s ducatos auri, expositos in factura fossa[torum conventus]; item dicta Kathe**na**, pro participacione in missa [que in predicto] altari dicitur singulis diebus, dedit centum florenos in auro....., anno Domini M° CCCC° XXXIIII°, ultima die decembris; item eodem anno, in mense septembri, concessa est modo quo supra dicte Ka**ne** specialis participacio in missa que dicitur ter in ebdomada in altari Beati Blasii, et dicta Ka**na** dedit conventui pro elemosina centum scutata auri exposita in factura fossatorum conventus.

Item, anno Domini M° CCCC<sup>mo</sup> XXXI°, in mense januarii, concessa est dicte Katherine et intentis per eamdem, modo et forma superius dictis, specialis participacio in missa que quater in ebdomada dicitur in altari Beati Jacobi, et ad satisfaciendum devocioni dicte Ka**ne** coram Deo prior, de assensu fratrum conventus, recepit dictam Ka**nam** specialem participem in omnibus missis, oracionibus, jejuniis et ceteris bonis que Deus concesserit fieri per fratres hujus conventus, quantum acceptum fuerit in conspectu Dei : dicta vero Ka**na** pro elemosina speciali dedit conventui quatercenta scutata auri bona exponenda in fortificacione hujus conventus.

Item, pro dom. Anthonio Fas....., canonico ven<sup>lis</sup> ecclesie Sancti Andree hujus civitatis.
Item, pro discreto viro Mareto Faverii, cive hujus civitatis.
Item, pro dom. Joffredo Luppe, priore Domene.

*Au plat intérieur de la couverture du Nécrologe se trouve une lettre imprimée, adressée par le prieur de Grenoble aux maisons de son ordre, à l'occasion de la mort du P. Jacques Rochette (nº 113), que nous croyons devoir reproduire :*

### R. P. M. P.

Die nonâ Decembris anni labentis in Conventu nostro Gratianopolitano, diuturnâ, molestissimâque infirmitate attritus, annum agens à nativitate septuagesimum, à Professione Religiosa quinquagesimum, diem clausit extremum R. adm. P. M. JACOBUS ROCHETTE, Doctor Parisiensis, Exprovincialis, et hujusce Domûs quondam prior. Quanto omnium nostrûm luctu, è vivis excesserit, nihil opus est commemorare ; norûnt enim omnes Alumni Provinciæ nostræ, cujus res tam sapienter administravit, fuisse illum, dum viveret, vitæ et morum integritate maximè commendabilem, doctrinæ copiâ et divinarum litterarum scientiâ conspicuum, vitæ regularis studio incensum, legumque nostrarum, quantûm ferebat temporum conditio, vindicem acerrimum ; qui quantûm clementiæ et benignitatis in homines, tantûm viciss.m in vitia, irruentesque abusus, constantiæ ac severitatis haberet : multiplici tandem nomine dignissimum, quem viventem poni omnes venerarentur et diligerent, mortuum lugeant et suis orationibus juvent, quod à vobis, more solito præstari, enixè rogat mœrens, amicumque charissimum lugens ablatum

        Vester humillimus et obsequentissimus
        in Domino servus

        Fr. PET. CHUSIN, S. Th. Doct. et Prior.

**DOCUMENTS HISTORIQUES INÉDITS**

SUR LE DAUPHINÉ.

---

# CHARTULARIUM

## CONVENTUS

# FRATRUM PRAEDICATORUM

## GRATIANOPOLIS

Ex originalibus monumentis in archivis episcopii Gratianopolitani asservatis descripsit, indice notisque illustravit

**C.-U.-J. CHEVALIER**

S. C. E. presbyter.

---

*Les documents qui nous ont servi à constituer le Cartulaire des Dominicains de Grenoble sont conservés, ainsi que le Nécrologe qui précède, aux archives de l'évêché de cette ville. Comme on le verra par les indications qui suivent chaque charte, ils se composent d'originaux et de copies. Celles-ci nous ont servi à défaut des autres. La plus ancienne est un cahier de 5 feuilles de parchemin, formant 20 pages, avec ce titre :* Copie des donations, privileges et autres tiltres en nombre de vingt un octroyes aux Freres Prescheurs de Grenoble par les dauphins et evesques, lieutenans de roy de la province, collationes par commission par M^re Giraud de Jean, notaire, le 18 juin 1567. *Sous le nom de* Cartulaire *nous désignons un registre de 94 feuillets de papier in-4°, relié en veau, comprenant de deux mains différentes la copie de presque tous les titres des Dominicains de Grenoble (XVII^e siècle). Nous ne pouvions publier toutes les pièces qui constituent le fonds historique de ce couvent : après avoir donné toutes celles qui sont antérieures à 1350, nous faisons un choix des plus importantes. Le* Cartulaire *est suivi d'une* Table alphabétique des personnes, des lieux et des choses, *qui comprend également les noms du* Nécrologe : *il y avait utilité à ne former qu'une seule table pour un même établissement. On y trouvera les notes dont on pourrait regretter l'absence à la suite des chartes. — Nous ne saurions chercher à résumer sur l'ancien couvent des Dominicains de Grenoble les données historiques fournies par les documents que nous publions. Une* Notice sur cet établissement religieux, *par M. Edm. Maignien, a paru dans le journal* Le Dauphiné (1) : *nous regretterions d'avoir à compléter le travail de notre jeune ami. On pourra augmenter d'après notre index la liste des prieurs du couvent. — Comme illustration, nous avons fait reproduire par la lithographie un ancien* plan de Grenoble *avec légendes instructives sur les acquisitions successives des Dominicains.*

*Nous sommes redevable de la communication de tous ces documents à l'amitié de M. le chanoine Auvergne.*

(1) 3^e année; tirage à part, Grenoble, 1866, in-8°, 20 p.

# CHARTULARIUM

## FRATRUM PRAEDICATORUM GRATIANOPOLIS.

1. *(Concessio Guillelmi episcopi Gratianopolitani Fratribus Predicatoribus ad monasterium construendum.)* [1]

(28 juillet) 1288.

☩ Anno Domini millesimo ducentesimo octuagesimo octavo, indictione prima, die mercurii post festum beate Marie Magdalenes, coram me notario et testibus infrascriptis, cum frater Guelisius Bueymondi de Mura, frater Bertrandus de Auriis, frater Guigo de Castello, frater Petrus de Follano, ordinis Fratrum Predicatorum, constituti in presentia venerabilis patris in Xpisto domini G(uillelmi), divina miseratione ecclesie Grationopolitane episcopi, tractarent et procurarent qualiter in civitate Grationopolitana possent contruhere et edifficare domum ordinis eorum, cum licencia et assensu ac eciam voluntate supradicti venerabilis patris; considerantes et atendentes quod in predicta civitate, in loco ubi dicitur versus Pertuseriam, qui locus protenditur usque ad domum que condam fuit Petri Ega, ex una parte, et usque ad muros qui condam fuerunt Petri Grinde, ex altera, et a dictis muris usque ad tenementum Gadoudi, ex altera, et a dicto tenemento usque ad tenementum Julianis Grassi et porte Trionie, ex altera, et a dictis tenementis prout protenditur murus Sarazinorum usque ad dictam domum Petri Ega, ex altera, et extra dictum murum Sarazinorum usque ad campum Petri Garnerii, ex altera, et a dicto campo Petri Garnerii usque ad campum Sancti Petri foris portam

Grationopolis, ex altera, et a dicto campo usque ad campum quod tenet Estocus, qui campus solet vocari le Brueyl, ex altera, possent dictam domum contruhere et edifficare, nulloque alio loco in supradicta civitate dictam domum contruhere comode possent; cumque supradicta loca dicerentur esse de feudo et senoria sive dominio supradicti venerabilis patris, suplicaverunt eidem humiliter quatenus amore Dei et pietatis intuitu, pro remedioque ejus anime et suorum predecessorum atque successorum, supradicta loca dignaretur eis concedere, causa contruhendi seu edifficandi domum supradictam. Qui supradictus venerabilis pater, atendens preces supradictorum fratrum esse ydoneas et justas, atendens etiam adventum supradict. fratrum esse expedientem et necessarium anime sue et animabus subyectorum suorum, dictorum fratrum precibus annuens loca supradicta, ut superius sunt confrontata, et quiquid juris vel dominii seu senorie habet vel habere potest in eis cessit et donavit, pro se suisque successoribus, libere, absque ullo servicio, censu seu eciam servitute, supradictis fratribus causa contruhendi domum supradictam et omnia alia faciendi que eorum ordini videbitur expedire pro predicta causa, eos ut in rem suam procuratores constituendo, qualitercumque dicta loca a possessoribus eorumdem duxerint vel potuerint acquirenda, concedens possessoribus supradict. locorum ut dicta loca a quolibet ipsorum possint vendere vel dare vel alienare vel pro animabus suis ajudicare fratribus supradictis infra dictos terminos pro sue libito voluntatis; et de omni jure quod supradictus venerabilis pater in dictis locis habebat vel habere poterat se devestivit et dictum fratrem Guelisium, stipulantem et recipientem nomine suo et ordinis supradict., per tradicionem cujusdam baculi, ut moris est, retinuit et investivit, confitens et recognoscens supradictus pater venerabilis nomine laudimii et venditionum se habuisse et recepisse in pecunia numerata a supradicto fratre Guelisii, dante et solvente nomine suo et nomine supradicti ordinis et pro dictis locis concedendis, quater viginti libras Viennenses in bona pecunia numerata, quas confessus fuit et recognovit se posuisse et redigisse in utilitatem et profectum Grationopolitane sue ecclesie supradicte, renuncians exceptioni non habite et non recepte pecunie supradicte et spei habitionis et receptionis future, doli mali, metus et in factum actioni et exceptioni, omnique alii juri canonico et civili per quod posset facere vel venire contra confessionem supradictam. Verum cum diceretur quod capitulum ejusdem ecclesie esset gravatum in predictis locis supradictis fratribus concedendis, voluit et retinuit, de propria et expressa voluntate supradict. fratrum, dictus venerabilis pater quod quiquid predicti fratres aquirerent qualitercumque sive ratione empcionis vel eciam donacionis vel alio quoquo modo in territorio civitatis supradicte vel in civitate vel alibi a Bornonensibus, preter loca superius confrontata et nominata, quod ipse totum illud quod ipsi aquirerent, ut supra dictum est, possit sua propria auctoritate, sine consensu et licentia dictorum fratrum et cujuslibet judicis et alterius persone, accipere et retinere donec supradicti fratres, ad arbitrium et voluntatem ipsius venerabilis patris, convenerint, concordaver. et pacificaverint cum capitulo supradicto : quod supradicti fratres sua mera et spontanea voluntate concesserunt, nomine suo et supradicti ordinis, eidem venerabili patri, promitentes etiam dicti fratres se facturos et curaturos bona fide qualiter prior, provincialis et magister ordinis eorumdem et prior qui pro tempore fuerit in domo supradicta contruhenda seu etiam edificanda concordabunt et pacificabunt cum capitulo supradicto ad voluntatem supradicti vener<sup>lis</sup> patris, ut superius est expressum, et omnia alia per ipsos fratres promissa pro posse suo procurabunt qualiter atendantur et compleantur et ratificentur per supradictos priores. Postque supradicti fratres, atendentes et considerantes magnam gratiam et helemosinam eis factam per venerabilem patrem supradictum, promiserunt bona fide, sua propria voluntate, supradicto venerabili patri se facturos et curaturos qualiter unum altare edificetur et consacretur in honorem beate Marie Magdalenes vel alterius sancti in supradicta domo eorum facienda sive contruhenda, pro remedio anime supradicti venerabilis patris et ejus parentum et benefactorum et suorum predecessorum atque successorum ; nichilominus pro omnibus supradictis locis supradictum patrem venerabilem patronem et dominum domus supradicte contruhende et edificande in perpetuum recognoverunt et eciam concesserunt; promitentes supradicti fratres, nomine suo et supradicti ordinis, se facturos et curaturos qualiter per priores et fratres supradicte domus contruhende et faciende qui ibidem pro tempore fuerint recognoscatur supradictus venerabilis pater dominus et patronus. Que omnia universa et singula supradicta predictus venerabilis pater, nomine suo et successorum suorum, promisit supradictis fratribus, suo nomine et totius ordinis recipientibus, atendere et observare, salvo jure capituli supradicti et cujuslibet alterius, et contra non facere vel venire de jure vel de facto vel alicui contra facienti vel venienti in aliquo consentire; renuncians supradictus venerabilis pater in hoc facto ex certa scientia omni juri canonico et civili, statuto et statuendo, promulgato et promulgando, exceptioni doli mali, metus et in factum actioni et exceptioni et restitucioni in integrum, per quod posset facere vel venire contra predicta vel aliqua de predictis, et juri dicenti donationem ultra quingentos aureos sine insinuatione factam non valere, et juri dicenti generalem renunciationem non valere nisi precesserit specialis. Et fuit actum quod de predictis possint fieri duo publica instrumenta ejusdem tenoris, quorum unum habeat supradictus venerabilis pater et aliud habeant supradicti fratres; item fuit actum quod presens instrumentum semper possit dictari, corrigi et de novo refici ac etiam emendari ad consilium sapientis vel sapientum, facti sustancia non mutata. Actum apud Balmam, testibus presentibus ad hoc specialiter vocatis et rogatis, videlicet domino Petro de Gado jurisperito, Johanne de Vallenavigii, Lant(elmo) de Varsia, conreario Grationopolitano; et ego Petrus Byviac, auctoritate imperiali publicus notarius, hiis omnibus interfui et hanc cartam rogatus scripsi signoque meo signavi et tradidi.

(1) Original en parchemin de 28 lign. 1/2, avec *signum* du notaire en tête; au dos : « Investiture et quittance de lots et ventes passez par le seigneur Evesque de Grenoble, de l'acquisition faicte par le convent des plassages sur lesquels sont basties l'eglise et le convent.

avec la cession des droits de directe et l'affranchissement de toutes charges et servitudes, les religieux ayant payes 80 l. vienoises aude seigneur Evesque pour l'indamnité et amortissement desd. droits et charges. » — Transcription dans le *Cartulaire* (f° 1). — Text. impr. dans Valbonnais, *Histoire de Dauphiné*, t. II, p. 46-8 (pr. XLIII, Cartæ Graisivod.); cf. Bréquigny, Table chronol., VII, 201.

## II. *Fundacio conventus Gracionopolis et pertinet provincie Francie.* [1]

### 5 février 1290.

✝ In nomine Domini nostri Jhesu Xpisti, amen. Anno Incarnacionis ejusdem M·CC° nonagesimo, indictione III<sup>a</sup>, nonas februarii, coram me notario et testibus infrascriptis, reverendus in Xpisto pater dominus Guillelmus, Dei gratia Grationopolitanus episcopus, ut patronus et fundator, ut dicebat, ecclesie Beati Petri foris portam Grationopolis et domus Fratrum Predicatorum Grationopolis, et ut ordinarius et ex potestate ordinaria, de consensu et voluntate expressa capituli majoris ecclesie Beate Marie Grationopolis, ut dicit et asserit, donat, dat, cedit et concedit pura et simplici donacione inter vivos, libere, pure et absolute predict. ecclesiam Beati Petri foris portam Grationopolis, cum edificiis, ortis et omnibus aliis pertinentiis et appendiciis, pro remedio anime sue et successorum suorum, ordini Fratrum Predicatorum et nominatim provincie Francie, et de hiis, me presente et testibus infrascriptis, investivit per mitanas suas et per rei aspectum fratrem Johannem de Treforcio, tunc priorem Grationopolitanum, pro ordine et conventu dicti loci, et fratrem Raymundum, tunc priorem Lugdunensem, pro provincia Francie superius nominate; volens idem dom. episcopus quod predicta domus sit et esse debeat de provincia Francie superius nomin.; promittens idem dom. episcopus pro se et suis successoribus imperpetuum predicta omnia et singula, prout dicta sunt et narrata, firma habere, tenere et inviolabiliter custodire, contra de jure vel de facto nullatenus veniendo, dictis prioribus nomine quo supra recipientibus et sollempniter stipulantibus; renuncians dictus dom. episcopus, pro se et suis successoribus in episcopatu predicto, in hoc facto exceptioni doli mali, metus et in factum actioni, privilegio fori, oblationi et petitioni libelli per pactum expressum, minoris etatis beneficio, restitutionis in integrum et juri dicenti donacionem ultra quingentos aureos sine insinuatione factam non valere, et juri dicenti donacionem propter ingratitudinem posse revocari et omni juri immensam donacionem improbanti, et generaliter omni juri canonico et civili per quod... posset... adversus... se tueri, et juri dicenti generalem renunciationem non valere nisi precesserit specialis; precipiens idem dom. episcopus mihi notario infrascr. quod de premissis dict. fratribus conficiam plura instrumenta publ. tot quot ipsi fratres voluerint ad dictamen dom. Johannis de Goncelino, judicis curie comitatuum Viennensis et Albonis. Actum apud Gratonopolim, in predicta domo Fratrum Predicatorum ejusdem loci, presentibus testibus vocatis et rogatis, videl. dom. Johanne de Goncelino predicto, Girardo de Bella Comba domicello, Juliano Grassi, civi Gratonopolitano, Jaquemeto Ruffi de Goncelino, Lantelmo de Vado domicello, Johanne de Gerla, Guillelmo Brunoudi, fratre Philippo de Velchia in Forisio, fratre Johanne de Taluers et fratre Guidone de Bossozello, de ordine Fratrum Predicatorum; et ego Garnerius de Correyo, imper$^{li}$ auctor$^{te}$ publ. notarius, hiis omnibus interfui et rogatus plures cartas scripsi signoque meo signavi et tradidi.

Nos vero supradictus Guilelmus, divina miseratione Gratonopolitanus episcopus, ad majorem firmitatem omnium premissorum, sigillum nostrum presenti instrumento publico duximus apponendum.

(1) Original parch. de 38 lig., avec trace de sceau pendant sur lemnisque; au dos : « Donation faicte aux Freres Precheurs de Grenoble par le seigr Evesque de lad. ville, de l'Eglise St Pierre hors la porte Troyne. » — Transcriptions dans la *Copie* de 1567 (n° 1) et dans le *Cartul.* (f° 5).

III. *Littera concessionis ecclesie Sancti Petri foris portam, et quod nullus ibi edificet.* [1]

**31 juillet 1290.**

Universis presentes litteras inspecturis Nos Guillelmus, divina miseratione Grationopolitanus episcopus, notum facimus quod nos, cupientes saluti nostre et subditorum nostrorum habundantius providere, attendentes etiam quod per Fratres Predicatores, qui inter ceteros in Ecclesia uberiores dignoscuntur ferre fructus, subditis nostris salutis pabulum melius poterit si in nostra fuerint dyocesi ministrari, de expresso et speciali consensu tocius capituli nostri, ordini dict. fratrum dedimus et concessimus ecclesiam Sancti Petri foris portam Grationopolis, cum cimisterio ipsius ecclesie et domo adjacente, pure et libere, pro remedio anime nostre et predecessorum nostrorum atque successorum, nullum censum vel jurisditionem in predictis penitus retinentes; permutavimus eciam omnes res, terras, arbores que intra clausuram dict. fratrum continentur, cum predict. fratribus ad turrim que fuit Bornonensium et ad omnes alias possessiones quas dicti fratres tenebant et emerant a dict. Bornonensibus et quibusdam aliis, prout hec in litteris de emptione predict. rerum plenius continentur, et fratrem Johannem de Treforcio de predictis per quemdam baculu : investivimus et in posessionem posuimus corporalem, prout hec in quadam carta cujusdam publici notarii debent plenius contineri; concedimus etiam predict. fratribus ex speciali gratia quod ipsi possint facere posticum vel pertuseriam in muro nostro civitatis Grationopolis, et quod nullus in dicto muro de super, quantum termini dict. fratrum ex parte dicti muri se extendunt, possit edificium facere vel fenestram. In quorum omnium premissorum robur et testimonium, presentibus sigillum nostrum proprium duximus apponendum. Datum apud Sanctum Ylarium, pridie kalendas augusti, anno Domini M°CC° nonogesimo.

(1) Original parch. de 23 lign., avec sceau pendant sur lemnisque : ogival (45 mill.), prélat en pied, revêtu des habits pontificaux, la mitre en tête, tenant sa crosse de la gauche, élevant la droite; légende : ✝ **S'GVILL'MI EPI GRANOPOLITAN.**; au revers contre-scel (15 mil.) dans lequel buste d'évêque avec la mitre, légende : ✝ **S': SECRETI**. Au dos : « Acquisition par eschange de l'Eglise St Pierre hors la porte Troyne et du droit de faire une porte du convent aux murs de la ville et qu'il ne seroit loysible à personne de bastir ny prendre des jours sur lesd. murs dans l'estendue de l'enceinte du convent. » — Transcriptions dans la *Copie* de 1567 (n° 11) et dans le *Cartul.* (f° 5 v°). — Texte impr. (incplt) dans Valbonnais, *Histoire de Dauph.*, t. II, p. 49 (pr. XLIV, Carta Graisivod.); cf. Bréquigny, VII, 327.

---

## IV. *(Donatio platee Brollii conventui facta per Guillelmum episcopum et Humbertum dalphinum et Annam ejus conjugem.)* [1]

### Avril 1291.

Notum sit omnibus presentes litteras inspecturis quod nos Guillelmus, divina miseratione Grationopolitanus episcopus, et Humbertus Dalfini, comes Viennensis et Albonis dominusque de Turre, et Agna delfina, comitissa Viennensis et Albonis dominaque de Turre, uxor predicti domini Humberti, cupientes cultum divinum ampliare, attendentes quod Fratres Predicatores Grationopolis ratione fori animalium quod tenetur juxta eos, in platea que dicitur Brolium, plurimum molestantur, quod etiam valde indecens est, in dicendo missas et aliud divinum officium perturbantur, idcirco dict. plateam Brolii integre et libere predict. Fratribus Predicatoribus Grationopolis in perpetuum possidendam concedimus atque damus, ad claudendum et faciendum quicquid ibidem eis placuerit faciendum, ut possint Domino Jhesu Xpisto, pro quo semet ipsos salubriter abnegarunt, quietius famulari; inhibentes ne aliquis super possessione dicte platee dict. fratres audeat perturbare, volentes et precipientes per presentes quod ma-

gister Johannes de Goncelino, judex comitatuum Vienne et
Albonis, vice nostra faciat in platea que est ultra parvum
Dracum teneri forum animalium quod in predicta platea
Brolii tenebatur, compescat etiam et puniat vice nostra si
quem invenerit contra hanc inhibitionem nostram dict.
fratres super possessione dicte platee Brolii molestare;
fratres autem predicti super dict. parvum Dracum pontem
faciant fieri, per quem comode transeatur. In quorum omnium robur et testimonium sigilla nostra presentibus duximus apponenda. Datum anno Domini M°CC° nonagesimo
primo, mense aprilis.

(1) Original parch. de 16 lig., avec traces de trois sceaux sur
lemnisques ; au dos : « Donation de la place du Breuil aux Freres
Precheurs de Grenoble, avec ordre au magistrat de justice de trans-
porter les marches du bestail dans une autre place au dela du petit
Drac. » — Transcriptions dans la *Copie* de 1567 (n° III) et dans le
*Cartul.* (f° 6). — Cf. Valbonnais, Hist., II, 47 a.

V. *Diploma tutelare Humberti principis Dalphini in
javorem conventus Fratrum Prædicatorum.* [1]

(23 novembre) 1292.

Humbertus Dalphini, Viennensis et Albonis comes dominusque de Turre, dilectis fidelibus suis magistro
Johanni de Goncelino, judici comitatuum predictorum,
judici comuni, ballivo et castellano Grationopolis, vel
eorum loca tenentibus, salutem et amorem. Ne dilectos
nostros fratres ordinis Predicatorum Grationopolis in
personis eorum vel rebus contingat in terra nostra ab
aliquibus molestari, sed ut magis, quod potissimum af-
fectamus, possint Deo libere ac pacifice famulari, vobis
universis et singulis mandamus et precipimus eo modo
quo possumus fortiori, quathenus dictos fratres et eorum
bona omnia, familiam ac eorumdem adjutores per totam
terram nostram et specialiter apud Grationopolim et in
territorio ejusdem tanquam personam nostram atque nos-

tra specialiter custodiatis ac deffendatis ab omnibus, nec ipsos molestari vel gravari nec bona eorum permitatis ab aliquo vel aliquibus detineri seu etiam impediri, quin potius ipsos juvetis ac juvari per nostros efficaciter faciatis quando ab ipsis fueritis requisiti; precipientes nihilominus notariis publicis, ut ipsi ad requisitionem dict. fratrum eisdem instrumenta publica conficiant, et ad hec facienda cum dict. fratribus vadant quando eisdem fratribus videbitur expedire. Reddatis litteras portitori. Datum Grationopoli, anno Domini millesimo ducentesimo nonagesimo secundo, in festo beati Clementis, cum appositione sigilli nostri in robur et testimonium premissorum.

(1) Texte fourni par la *Copie* de 1567, n° IV, et par le *Cartul.*, f° 6 v° : « Lettre de sauvegarde et faveur pour lesdicts freres Prescheurs, adressante aux juge, bailly, chatelain de Grenoble et autres officiers. »

## VI. *Diploma tutelare Humberti dalphini ad episcopum et decanum ac canonicos Gratianopolis delegatum.* [1]

### (24 novembre) 1292.

VENERABILI patri domino G(uillelmo), Dei gratia episcopo ecclesie Grationopolitane, ac dilectis nostris decano et capitulo ecclesie ejusdem, Humbertus dalphinus, Viennensis et Albonis comes dominusque de Turre, salutem et sinceram in Domino charitatem. Cum ordinem Predicatorum ac fratres ejusdem ordinis tamquam amicos nostros charissimos ex corde specialiter diligamus, non decet quod in terra nostra unicum predicti ordinis conventum conculcari, gravari seu molestari ab aliquibus dissimulemus sive eadem permitamus, quin potius equum et justum est ac nostri propositi et voluntatis constanter existit dictum conventum et fratres ejusdem juxta posse nostrum debitis gratiis et favoribus confovere, et sicut nostris dedimus in mandatis et adhuc tenore presentium eis damus ipsos, bona, jura, res, familiam ac eorum adjutores deffendere et salvare, ut cujus causa et intentione prefati fratres venerunt possint Deo pacifice ac libere famulari a molestiis et injuriis preservati. Vestram igitur quanto fortius possumus rogamus presentiam et attente per presentes requirimus, quatinus dictos fratres, quos firmiter credimus jura sua pacifice cum omnibus paratos prosequi, in persona eorum, rebus, juribus, familia ac eorum adjutoribus per vos vel vestros nullatenus molestetis, nec ipsos molestari vel gravari nec res eorum detineri vel impediri faciatis vel predicta, quod absit, facientibus consensum vel auxilium prebeatis; imo, prout statum vestrum omnino condecet, erga dictos fratres vos curetis benevolos et favorabiles exibere, ipsos et jura eorum fovere et custodire, quemadmodum vultis vos ac vestra a nobis et a nostris favorabiliter custodiri, scientes quod quicquid boni vel alterius cujuscumque rei eisdem fratribus in nostro districtu factum est vel faciendum est, nobis factum et exibitum reputamus. Reddatis presentes litteras portitori. Datum Gratianopoli, anno Domini millesimo ducentesimo nonagesimo secundo, die lune post festum beati Clementis, cum appositione sigilli nostri in robur et testimonium premissorum.

(1) Texte fourni par la *Copie* de 1567, n° v, et par le *Cartul.*, f° 7 : « Aultre lettre de sauvegarde et faveur, adressante au s' Evesque et aux doyen et chanoines de l'eglise de Grenoble pour bien et favorablement traicter lesd. freres Prescheurs. »

## VII. *Litteræ concessoriæ episcopi Gratianopolitani adducendi ad locum suum et deducendi de loco suo aquas.* 1

### 23 juin 1295.

Noverint universi quod cum illustris vir dominus Humbertus Dalphini, Vienne et Albonis comes ac dominus de Turre, concesserit viris religiosis fratribus Predicatoribus Grationopolis, quod possint adducere ad locum suum et deducere de loco suo aquas per meatus sub viis publicis transeuntes, Nos divina miseratione Guillelmus Grationopolitanus dictus episcopus eisdem concedimus illud idem, dum tamen sic faciant reparari vias quod per eas possit esse transitus sicut prius. Datum apud Sanctum Ylarium, die jovis in vigilia beati Johannis Baptiste, anno Domini M° ducentesimo nonagesimo quinto, cum appositione sigilli nostri in testimonium premissorum.

(1) Texte fourni par la *Copie* de 1367, n° XI, et par le *Cartul.*, f° 10 : « Lettre de permission octroiée ausd. religieux de pouvoir faire venir l'eau en leurd. maison et convent. »

### VIII. *(Donatio dom<sup>e</sup> Anne dalphine.)* [1]

#### 28 novembre 1301.

In nomine, *etc.*, anno M.CCC.I, IV calendas decembris, indictione XIV, tempore Bonifacii papæ VIII, pontificatus ipsius anno VII,... personaliter constituta dom<sup>a</sup> Anna Viennensis et Albonis comitissa, *etc.*, considerans quod ipsa dudum excitavit et procuravit erga relligionem et fratres ordinis Prædicatorum fundari, reformari et refici seu reparari domum et monasterium conventuale Fratrum Prædicatorum situm juxta portam Trioniam civitatis Gratianopol., pro remedio animæ suæ et animarum illustris viri dom. Humberti dalphini, viri sui, et antecessorum suorum, ipso siquidem Humberto dalphino, viro suo, volente, mandante et suum assensum prestante, prout ipsa dom. dalphina asseruit esse verum; asserens insuper et confitens ipsa dom. dalphina, quod ipsa jamdudum fere ab initio fundationis domus prædictæ Prædicatorum prædict. dederat Deo et beato Dominico patrono dicti ordinis et domui dicti loci mille libras Viennen. in denariis dandis et solvendis eisdem fratribus et conventui *etc.* Datum apud Balmam, in insula Charusii...

(1) Charte rapportée par VALBONNAIS, *Hist. de Dauph.*, t. II, p. 47 a.

IX. *Donatio horti ab episcopo Gratianopolitano.* [1]

22 décembre 1316.

Noverint universi et singuli hoc præsens instrumentum verum et publicum inspecturi quod, anno a Nativitate Domini millesimo trecentesimo sextodecimo, indictione quartadecima, die vigesima secunda mensis decembris, coram me notario et testibus infrascript., rev^dus in Christo dom. Guillermus, Dei gratia episcopus Gratianopolitanus, sciens, prudens et spontaneus,... attendens et considerans sibi fuisse facta quamplurima grata servitia per fratrem Vitalem, suppriorem Fratrum Prædicatorum Gratianopolis, et conventum ipsorum, ob causam dict. servitiorum... idem dom. episcopus dicto fratri Vitali præsenti... dat, donat pura et simplici donatione, irrevocabili, pro se et suis successoribus in dicto episcopatu, tamquam benemeritis duas teysias latitudinis cujusdam cum dominio horti siti in territorio Gratianopolis prope domum dict. Fratrum Prædicatorum, quæ fuit dom. Marchisii de Clasio jurisperiti, a parte grangiæ et viridarii heredum Guillermi Aplagneti quondam, ex una parte prout protenditur a carreria publica usque ad aquam parvi Dravi quæ fluit retro dict. viridarium, ex alia vero parte prout protenditur recto filo ab angulo primæ fenestræ positæ seu quæ est in muro anteriori juxta primam portam dicti viridarii a parte grangiæ dicti Guillermi Aplagnesi usque ad quemdam parvum prunerium situm in ripa dictæ aquæ Dravi : ad habendum, tenendum, possidendum et quasi et quidquid dict. suppriori et conventui... de dicta peciola terræ sive horti superius confinata placuerit faciendum ; constituens idem dom. episcopus dict. suppriorem et conventum procuratorem in dicta re donata ut in rem suam propriam et volens... facere possessores et quasi dictæ rei, et per consequens transferre dominium ipsius in præfatos suppriorem et conventum idem dom. episcopus dicendo et relinquendo possessionem et q. dictæ rei donatæ, dict. fratrem Vitalem accipiendo per manum ipsius... posuit (in) corporalem possessionem dictæ rei cum dominio ipsius, per traditionem clavis dicti ostii per quod intratur in dicta re et ipsum ducendo manualiter per rem supra dictam sibi et dicto procuratori donatam; dedit, inquam, dictus dom. episcopus et... dict. suppriori et conventui cessit et contulit... omnia jura omnesque actiones omniaque edicta et interdicta et in factum, actiones speciales, generales, reales, personales, utiles, directas et contrarias, civiles et prætorias, mixtas, anomalas et quæcumque alia auxilia..., nihil penitus... retinendo, et renuntiavit... juri dicenti donationem propter ingratitudinem posse revocari... et etiam omnibus privilegiis et rescriptis... papalibus et imperialibus... Ibidem et incontinenti dictus frater Vitalis, nomine suo et conventus prædicti Fratrum Prædicatorum, promisit dicto dom. episcopo... bona fide et in verbo veritatis, quod exnunc in antea annis singulis die sabbathi post Epiphaniam Domini in ecclesia dict. Fratrum, in majori altare, pro remedio dicti dom. episcopi animæ, suorum prædecessorum et successorum in dicto episcopatu, major missa de beata Maria celebrabitur et quod omnes fratres tunc in dicta domo seu conventu præsentes, parati tamen ad celebrandum, videl. singuli ipsorum fratrum similiter unam missam de mortuis vel de beata Maria pro remedio animæ dicti dom. episcopi, suorum prædecessorum et successorum... celebrabitur. De quibus... Actum Gratianopoli, in dicta porciola horti, præsentibus testibus ad hoc specialiter vocatis et rogatis, videl. viris religiosis dom. Thomas Gruelli, ecclesiæ Beatæ Mariæ Gratianopolis, Guigone Fabri, Sancti Martini de Miseriaco canonicis, Petro Benedicti et dom. Joanne Grivelli cappellano, et me Martino Ranulphi, author. imper. notario publ...

(1) Texte fourni par le *Cartul.*, f° 19 : « Don de deux toises de largeur de jardin avec la seigneurie directe joignant le convent. »

## X. *Testamentum dom⁶ Beatrisie relicte domⁱ Johannis dalphini.*¹

**19 mars 1319.**

In nomine Domini nostri Jhesu Xpist[i, amen. Per hoc instru]mentum verum et publicum cunctis appareat evidenter quod, anno a Nativitate Domini m[ill⁰ tercentesimo decimo nono, in]dictione secunda, die decimanona mensis martii, apud Vallem Breyssiaci, Viennensis diocesis, in camera dicta abbatisse, [coram me notario et] testibus infrascriptis, illustris domina Beatrix de Hungaria, relicta recolende memorie domⁱ Johannis dalphin[i, considerans officia c]aritatis et divina servicia que in conventu Fratrum Predicatorum Gracionopolis excercentur, habens ad ipsum conventum af[fectum plurimum, intui]tu pietatis et pro helemosina et pro remedio peccatorum dicti dom. Johannis et suorum dom⁰ B., parentum et predecessorum s[uorum, pro fabrica ec]clesie dicti conventus et edificiorum ipsius conventus faciende facienda et agenda, donacione pura, simplici et irrevocabili i[nter vivos mihi Gui]llelmo Jomari notario publico, tanquam publice persone stipulanti et recipienti vice et nomine domus, conventus et capituli Fratrum Predicatorum Gracionopolis et commorancium ibidem, dedit, donavit tria milia librarum Viennensium bonorum veterum, quas quidem tres mille libras mihi jam dicto notario... solvere, traddere et deliberare promisit, omni exceptione juris et facti submota, renuncians...; volens, precipiens atque mandans quod sua jocalia infrascripta sint in manibus procuratoris dict. fratrum ad tenendum, vendendum et distrahendum pro dicta donacione totaliter persolvenda, et ipsa jocalia tradidit fratri Johanni Joucerandi, ordinis Fratrum Predicatorum, et mihi notario portanda, traddenda et deliberanda priori seu procuratori dict. fratrum; mandans et precipiens per hoc publ. instrumentum priori et procuratori predictis et omnibus eorum in solidum, ut dicta jocalia recipiant, vendant et distrahant eo precio quo poterunt meliori et ex ipso precio dent et solvant dicte domui, conventui et capitulo dict. fratrum dict. tres mille libras Viennen., ita tamen quod si plus ex precio dict. jocalium habuerint, illud plus et totum residuum eidem dom$^e$ B. restituere teneantur, et ad vendendum dicta jocalia, tradendum et precium recipiendum et ad deliberandum emptorem et ad transferendum dominium dict. jocalium et cujuslibet eorum et ad solvendum dict. donationem predict. priorem et procuratorem presentes et futuros et quemlibet eorum in solidum suos certos et speciales nuncios et procuratores constituit, dando et concedendo eisdem plenam et liberam potestatem et speciale mandatum in omnibus et singulis suprascriptis et que circa predicta vel aliqua predictorum fuerint facienda. Jocalia vero superius nominata sunt hec, videl. tres corone auri cum lapidibus, tres laquei auri, tres capelli auri cum lapidibus, due parve corone auri, item alios suos capellos; et sibi retinuit dicta dom$^a$ B. suam magnam coronam. Predict. donationem et omnia suprascripta dicta dom$^a$ B. se rata et grata habere promisit et, tactis corporaliter Euvangeliis sacrosanctis, ad sancta Dei Euvangelia juravit quod contra predicta vel aliquid predictorum non faciet vel veniet...., sub ypotheca et obligatione omnium bonorum suorum et refectione dampnorum et expensarum, renuncians [expresse juri dicen]ti donationem ultra quingentos aureos sine insinuatione non valere... [Acta fuerunt hec in dicta Valle, presentibus testibus ad hec specialiter vocatis et rogatis, videl. dom. Guillelmo Macheti milite, Mermeto Co[......]filio........cond]am, Johanneto de Camera et pluribus aliis fide dignis. Ego vero Guillermus Jomari de Vorapio, auctor. [imper. notarius publ.].. hanc cartam fideliter scripsi signoque meo quo utor s[ignavi.]

(1) Original parch. de 27 lig. 1/2, avec déchirures aux parties supérieure et inférieure : *Dom$^a$ Beatrix dalphina dedit tria milia librorum Viennensium* ; autre longue analyse latine; « Donation faicte au convent par illustre princesse Beatrix d'Hongrie, veuve du prince Jean dauphin, de la somme de 3000 l. pour la batisse de l'eglise et convent. »

## XI. *(Conventiones cum Guigone de Vallenávigio.)* [1]

10 avril 1323.

✠ Anno Nativitatis Domini millesimo tercentesimo vicesimo tercio, inditione sexta, die decima mensis aprilis, coram me notario et testibus infrascr., convenerunt inter religiosos viros fratrem Johannem Jacerandi, priorem domus et conventus Predicatorum Grationopolis, fratrem Roudulphum de Arenis, subpriorem, et fratrem Martinum de Fabricis, procuratorem dicti conventus, nomine suo et dicti conventus ac successorum suorum, ex una parte, et dom. Guigonem de Vallenavigio jurisperitum, suo et heredum ac successorum suorum nomine, ex altera, de faciendo fieri quoddam terrayllium inter campum seu terram dicti dom. Guigonis ex una parte et terram seu viridarium dict. Fratrum Predicatorum ex altera, sub pactionibus infrascript. et conventionibus etiam, videl. quod dict. terrayllium debet habere septem pedes de latitudine et circa quatuor pedes de profonditate, et quod quelibet dict. partium a parte sua debet ponere medietatem terre pro dicto terrayllio faciendo, et debet limitari dict. terrayllium secundum metas que nunc sunt inter terras predict. et facto dicto terrayllio debent dicte mete poni in profondo terrayllii in consimili loco sicut sunt modo, et dict. terrayllium debet fieri expensis communibus dict. partium et cum necesse fuerit recurari, et debet esse commune dict. terrayllium inter dict. partes; item fuit actum quod quocienscumque necesse fuerit quelibet pars teneatur recurare dict. terrayliam communibus expensis dict. partium, et si una pars esset negligens quod possit alia pars recurare, metis illesis et in statu suo reservatis, partem dicti terrayllii a medietate metarum versus partem suam, et quod quelibet dict. partium possit uti parte sua dicti terrayllii vel pro muro faciendo vel pro clausura facienda vel quoquomodo voluerit vel replere sine occupatione alterius partis:

item fuit actum inter dict. partes quod in dicto terrayllio non fiant latrine neque nayssium per aliquam partium predict. Renuntiantes dicte partes... exceptioni dicte conventionis sic non facte aut non rite et legitime facte...; promitentes etiam bona fide... predicta omnia firma et rata habere perpetuo et tenere; et de predictis... Actum apud Grationopolim, in viridario predicto dict. Fratrum Predicatorum, presentibus fratre Johanne de Sancto Flore, lectore domus et conventus predict., dom. Jacobo Martini presbitero, Raymundo de Vallenavigio, Raynaudo de Bello Forti notario et Guigone Margalli clerico, testibus ad premissa vocatis et rogatis; et ego Petrus Pineti, clericus Grationopolit. diocesis, auctor. imper. notarius publ.... hoc pres. publ. instrumentum.. scripsi.. et signo meo consueto presignavi.

(1) Original parch. de 22 lig. 1/2 : « Convention faicte entre les freres Prescheurs de Grenoble et M<sup>e</sup> Guigues de Vaulneves, de faire faire à leurs despendz communs ung terrail entre leurs terres. » — Transcript. dans le *Cartul.* (f° 23).

## XII. *Investicio pedagii facta conventui per dom. Humbertum dalphinum.* [1]

### 31 mars 1334.

HUMBERTUS, dalphinus Viennensis, Vienne et Albonis comes dominusque de Turre, universis presentibus et futuris rei geste noticiam et salutem. Constitucionibus docemur canonicis, eciam sacra pagina nos instruit vovere et vota Deo reddere pro salute, set quamvis vota non reddita animabus generent detestabile detrimentum, tamen, sicut omnis incredulitatis sublato cruspulo credere debent Xpistiani fideles, dominus noster summus pontiffex, Omnipotentis Dei vicarius spiritualis in terris, juxta illud « Quicquid solveris in terris solutum erit in celis [2] » et c., vota nedum mutare set omnino tollere potest et quorumcumque delictorum vere penitentibus et confessis veniam inpertiri. Sane cum idem dominus noster summus pontifex, votum olim per nos promissum ultramarine peregrinationis ad sanctum sepulcrum Domini Jhesu Xpisti, in ecclesiarum suffragia et constructiones duxerit commutandum, ejus jussibus cum qua convenit reverenti devotione parentes, religiosis fratribus Predicatoribus conventus Grationopolis in subsidium constructionis eorum ecclesie, ut oracionum, missarum et bonorum dicendarum in eadem fiamus municipes et animabus nostre predecessorumque et successorum nostrorum patefiat lucidius gloria sempiterna, mille florenos auri erogative semel dumtaxat duximus concedendos; pro quorum solutione dict. fratribus pedagium nostrum Grationopolis cum suis juribus, pertinenciis, emolumentis et obventionibus.. ad habendum, tenendum et percipiendum per se ipsos vel per *\*\*\*\** ydoneum substitutum eorum nomine donec sibi de dict. mille florenis auri fuerit plenarie satisfactum, tenore presentium assignamus : ita tamen quod anno quolibet dicti fratres vel ille qui pro eis tenebit dict. pedagium de omni valore et exitu dicti pedagii coram auditoribus computorum nostrorum teneantur reddere debitam rationem, et quicquid inde percipient dicti fratres deducatur et deduci debeat de dict. mille florenis in extenuationem eorum; investientes ipsos fratres de pedagio hujusmodi per tradicionem presentium litterarum ; mandantes et precipientes expresse bayllivo nostro Graysivodani et castellano Grationopolis et eorum cuilibet presentibus et futuris vel eorum loca tenentibus, quatenus dict. fratres exhibitores presentium in possessionem dicti pedagii inducant, omni alio sublato a tenuta et possessione ejusdem, et inductos tueantur pariter et deffendant viriliter contra omnes ac sibi de juribus, emolumentis et exitibus dicti pedagii faciant integre responderi : aliquibus litteris vel obligationibus per nos vel predecessores nostros factis aliis personis super ipso pedagio non obstantibus quoquo modo; promitentes bona fide in verbo Dei et veritatis predict. pedagium cum suis pertinenciis manutenere et deffendere contra omnes fratribus antedict. nec eis ipsum auferre quocumque titulo seu causa, donec ut prefertur sibi fuerit de dict. mille florenis integraliter satisfactum. Datum Balme. per Amblardum de Bellomonte, juris civilis professorem. prothonotarium Dalphinatus, die ultima mensis martii, anno Domini MºCCCºXXXIIIJº. Presentes autem littere, post opportunam inspectionem earum, restitui volumus presentanti.

(1) Original vélin de 18 lig., avec trace de sceau sur lemnisque; au dos: *Instrumentum donationis facte conventui per dom. Humbertum dalphini de emolumentis pedagii Grationopolis usque ad summam mille florenorum auri pro constructione ecclesie tantum, et sequens instrumentum (nº XVI) ratifficat presentem donationem extendendo eam quousque ecclesia et dormitoria fuerint plene constructa.* — Transcript. dans la *Copie* de 1567 (nº VI) et dans le *Cartul.* (fº 7 vº). — Cf. Valbon., II, 47 a. — (2) MATTH., XVI, 19.

### XIII. *Missio in possessionem pedagii dalphinalis Grationopolis.* [1]

#### 15 avril 1334.

Anno a Nativitate Domini millesimo tercentesimo trigesimo quarto, indictione secunda, die decima quinta mensis aprilis, coram me notario et testibus infrascr., Berthonus Villeti, civis Grationopolis, ad instantiam et requisitionem fratris Johannis Jaczarandi, procuratoris et subprioris conventus Predicatorum Grationopolis, et ex mandato sibi literatorie facto per dominum nostrum Humbertum dalphinum Viennensem, prout patet de dicto mandato per quandam patentem litteram pargamineam, sigillatam impendenti sigillo dicti dom. Humberti... [2], in presentia Henryci Chanevez , tenentis locum castellani Grationopolis, pedagium dicti dom. dalphini Grationopolis tradidit, expedivit et deliberavit vigore dicte littere dicti dom. dalphini dicto Johanni, recipienti nomine dicti conventus Predicatorum. De qua quidem expeditione et deliberatione... idem frater Johannes petiit sibi fieri publ. instrumentum, unum vel plura, ad opus dicti conventus... Acta fuerunt predicta apud Grationopolim, in domo Johannis Benedicti, videl. in operatorio in quo comunis curia Grationopolis tenetur, presentibus testibus, videl. Johanne de Alavardo et Petro Varleti, notariis, et me Guilelmo Andree de Ostiis, imper. auctor. notario publ....

(1) Texte dans la *Copie* de 1567 (n° VIII) et dans le *Cartul.* (f° 8 v°) : « Acte de mise en possession dud. peaige et revenus d'icelluy en faveur desd. freres Prescheurs. » — (2) Charte XII.

## XIV. *Conventiones inter conventum et Petrum Fabri.* [1]

### 18 juin 1335.

✠ In nomine Domini, amen. Cunctis tam presentibus quam futuris tenore hujus pres. publ. instrumenti appareat evidenter quod, anno Nativitatis ejusdem Domini millesimo trecentesimo tricesimo quinto, indicione tercia, die decima octava mensis junii, coram... inter religiosum fratrem Jacobum de Monte, discretos fratres ordinis et conventus Fratrum Predicatorum Gracionopolis dyocesis nec non et conventus ejusdem loci simul congregatos in capitulo, ut est moris in similibus, ex una parte et Petrum Fabri apotecarium, alias dictum Feio, civem Gracionopolis, nomine suo et suorum heredum atque successorum, ex parte altera fecerunt ad invicem inter se pacta et convenciones prout inferius continetur : in primis quod dicti fratres habeant et habere debeant decetero aquam defluentem per dictum lo dechargior, et quod dict. Petrus eamdem aquam pro se et suis faciat et debeat et teneatur tradere duabus diebus in ebdomada, et qualibet die... ad minus teneatur..... largiri et expedire..... per spacium unius hore, quam diu dicti fratres molent blada ipsorum in molendinis dicti Petri; item, quod dict. aquam teneatur dict. Petrus dict. fratribus largiri ultra dict. duas dies quocienscumque de ipsa non indiget pro molendinis ad molendum; item, quod dict. Petrus teneatur destruere dict. lo dechargiors, si quod fecit ex opposita parte, et taliter reparare..... quod dicta aqua, que de canalibus dict. molendinorum [.....] transeat per dict. lo dechargiors que dirigitur versus terrayllium predict. fratrum; item promisit et super S. Dei Euvangelia..... juravit dict. Petrus... quod a[quam.......] per alveum communem ville [......] decetero per quacq. briga seu discensione futura, quod absit, auferet seu impediet per se vel per alium ne currat per terrayllium ipsorum fratrum, nisi necessitate [........]; item, quod dict. Petrus debeat semper et quociens opus fuerit refficere et emendare dict. lo dechargiors expensis suis, nichil petendo a dict. fratribus; item, quod dicti fratres dict. terrayllium quod est inter viam publicam et dict. lo dechargiors et ipsam viam publ. in quantum tangit eos pro cursu dicte aque teneantur similiter reparare eorum propriis sumptibus et expensis, nichil petendo decetero a dicto Petro; item, quod dicti fratres quam diu voluerint habere dict. aquam, que est dicti Petri, teneantur blada ipsorum molere in molindinis dicti Petri si sint apta ad molendum, et dict. Petrus habeat molituras suas prout usitatum est in Gracionopoli : quod si non sint apta ad molendum, quod dict. Petrus faciat molere dict. bladum alibi, et nichilominus teneatur dict. fratribus ministrare ut supra; item promisit et juravit..... dict. Petrus quod ipse blada dict. fratrum, quando apportata fuerint ad molendinum, molet per se vel per alium bene et legitime quocienscq. indiguerint sine [...........] Que omnia univ. et sing... Actum apud Grationopolim, infra domum dict. fratrum, vid. in tupa seu peylo, testibus presentibus... dom. Guigone de Valle Navigio jurisperito, Lant. Argoudi, Petro Ranulphi et Armandono de Ponte; et me Petro Symonnii, clerico civitatis Gracionop., auct[te] impl[i] notario publ.....

(1) Original parch. de 20 lign. : « Conventions entre le convent et Pierre Fabry de donner deux jours de la semaine et deux heures chaque jour des eaux de ses moulins pour remplir le canal du convent. » — Transcript. dans le *Cartul.* (f° 25).

## XV. *Donatio Humberti dalphini de piscatura lacuum.*[1]

### 25 novembre 1337.

**H**UMBERTUS, dalphinus Viennensis, dux Campisauri, Vienne comes et Albonis ac palatinus, notum facimus universis quod nos, pro nobis, heredibus ac successoribus nostris, piscaturam totam omnium et singulorum lacuum nostrorum existentium in Abissu, in mandamento Bellecombe, dilectis nostris carissimis Fratribus Predicatoribus conventus Grationopolis, usque ad trium milium annorum futurorum pro temporum successione terminum, damus et concedimus, ipsos investientes per presentes litteras et ponentes eos in dicta piscatura nunc et imposterum loco nostri; mandantes et precipientes expresse castellano nostro Bellecombe moderno pariter et futuris vel eorum locatenentibus, quathenus dictos fratres vel eorum procuratores aut nuncios in possessionem dicte piscature ponant realiter et inducant, eosque piscari et de piscatura facere ad eorum libitum per se vel per alium pacifice patiantur et fortes faciant, manuteneantur et deffendant in piscatura predicta. Datum Grationopoli, sub anulo secreto una cum alio nostro sigillo, die xxv$^a$ mensis novembris, anno Domini mill'io tercentesimo trigesimo septimo. R(eddantur) littere portitori. Per dominum orethenus, H(umb.) P(ilati).

(1) Texte dans la *Copie* de 1567 (n° ix) et dans le *Cartul.* (f° 8 v°) :
« Lettre de don faict auxd. frères Prescheurs de toute la pesche es lacz du mandement de Bellecombe pour le temps et terme de trois mil ans. »

### XVI. *Confirmatio Humberti dalphini de donatione pedagii.*[1]

#### 16 janvier 1342.

HUMBERTUS, dalphinus Viennensis, universis et singulis presentibus et futuris, rei geste notitiam cum salute. Consideratis et attentis gratis serviciis nobis factis et progenitoribus nostris per conventum Fratrum Predicatorum Grationopolis et que nobis inferunt incessanter, omnia universa et singula contenta in nostris litteris hic annexis laudamus, confirmamus et ratifficamus prout in dictis nostris litteris continetur : nolumus autem discedere ab inceptis per nos religiosis Fratribus Predicatoribus conventus Grationopolis predicti; et conventui dicti loci damus et donamus per presentes jura omnia et singula et emolumenta, exitus et proventus pedagii nostri Grationopolis habenda et percipienda per eosdem vel alium eorum nomine quousque ecclesia et dormitoria dictorum fratrum fuerint finita et domificata, que jura et emolumenta in fabrica dictorum ecclesie et dormitoriorum poni volumus totaliter et jubemus; mandantes et precipientes bayllivo Graysivodani et castellano Grationopolis vel eorum loca tenentibus et cuilibet eorum in solidum, quatenus fratres dicti conventus exhibitores presencium nomine aliorum et conventus in possessionem dicti pedagii ponant et inducant et inductos tuheantur et deffendant, et ipsis juribus et emolumentis eosdem uti et gaudere libere permictant paciffice et quiete sine diminutione quacunque, quousque et donec ecclesia et dormitoria predicta fuerint domifficata ut prefertur; promictentes bona fide et in verbo veritatis predictum pedagium, cum juribus et pertinentiis ipsius, ipsis fratribus manutenere et deffendere, non obstantibus quibuscumque, nec ipsum eisdem aufferre donec predicta ecclesia et dormitoria debitum finem receperint ut premissum est. Datum in Sancto Marcellino, die XVI<sup>a</sup> januarii, anno Nativitatis Domini millesimo CCC<sup>o</sup> XLII<sup>o</sup>. Reddantur litere portitori post opportunam inspectionem ipsarum.

(1) Original parch. de 9 lig. 1/2, réuni par lemnisque à la ch. xii. — Transcript. dans la *Copie* de 1567 (n° vii) et dans le *Cartul.* (f° 8) : « Lettre confirmative.., contenant en oultre don dud. pe[ige] et revenus d'icelluy pour en jouir jusqu'à ce que l'église et dor[toir] desd. frères fussent achevez. » — Fragm. dans VALBONNAIS, *Hist.*, t. II, p. 47 a.

XVII. *Donatio Humberti dalphini de domo condam Johannis episcopi Tiburtini.*[1]

14 juillet 1345.

✠ In nomine Domini nostri Jhesu Xpisti, amen. Noverint universi et singuli presentes et futuri quod, anno ejusdem Domini mill'o tercentesimo quadragesimo quinto, indictione decima tercia, die decima quarta mensis julii, pontificatus sanctissimi patris et domini dom. Clementis pape sexti anno quarto, in nostrum notariorum publ. et testium infrascript. presencia, illustris princeps dom. Humbertus dalphinus Viennensis, attendens et considerans ut dicebat conventum religiosorum fratrum Predicatorum Grationopolis, ordinis sancti Dominici, per ipsum dom. dalphinum et ejus predecessores fuisse et esse constructum, gratumque sibi fore quod ejusdem dom. dalphini auxilio ipse conventus servitoribus divini cultus et ediffìciis augmentetur, ex sua certa sciencia, pro se et suis heredibus et successoribus, ad hoc quod fratres predicti conventus nunc et in posterum pro salute anime dicti domini nostri dalphini Deo preces porigere devocius teneantur et ipsum dom. dalphinum participem facere continue in missis et oracionibus eorumdem, dedicavit Deo et predicto conventui ac dedit, concessit et expresse donavit eidem conventui Fratrum Predicatorum Grationopolis, nec non religioso viro fratri Johanni Revolli, ejusdem ordinis et conventus, ac nobis subscr. notariis ut publ. per-.onis stipulantibus et recipientibus vice, nomine et ad .pus predicti conventus, domum ipsius dom$^i$ nostri dalphini sitam juxta dict. conventum, quam idem dom. dalphinus olim emisse et adquisijsse dicitur a rev$^{do}$ in Xpisto patre dom. Johanne Dei gracia episcopo Tiburtino, condam cancellario dalphinali, cum ipsius domus ingressibus, egressibus, juribus et pertinenciis, cumque plateis et viridario ejusdem domus, pro ut tamen nunc est restrictum ipsum viridarium a parte Draveti, via publica intermedia, ad habendum, tenendum et possidendum deinceps et quicquid eidem conventui placuerit perpetuo faciendum, nichil dictus dom. dalphinus sibi vel suis juris, actionis, partis, proprietatis vel reclamacionis retinens in domo, viridario et suis pertinenciis supradict., constituens se predicta donata possidere precario nomine dicti conventus, donec ipse conventus vel prior aut subprior seu dict. frater Johannes... possessionem eorum apprehenderint corporalem, quam apprehendendi et apprehensam retinendi... eisdem et eorum cuilibet auctoritatem et licenciam concessit omnimodam...... et se devestiendo..... de predict. donatis investivit prefat. fratrem Johannem Revolli..... per tradicionem anuli sui, et promisit bona fide huj^di donacionem... ratam et firmam perpetuo habere, servare et tenere et numquam in contrarium facere vel venire vel contra venienti..... consentire.....; et de predictis.... voluit... fieri dicto conventui unum vel plura ejusdem tenoris publ. instrumenta. Acta fuerunt hec in territorio Avinionis, in domo seu bastida que condam fuit rev^di patris dom. cardinalis de Monte Favencio. presentibus rev^dis in Xpisto patribus dominis Henrico de Vilariis, Dei gratia archiepiscopo Lugdunensi, Johanne eadem gratia episcopo Gratianopolitano, ven^bus et nobilibus viris dd. Leuczone de Lemps, decretorum doctore, priore Sancti Donati, Jacobo Riverie, preceptore Massilie, Amblardo domino Bellimontis, Amedeo de Rossillione, Francisco de Thesio, Francisco de Parma, Jacobo de Dya, Fran(cisco) de Revello et Johanne Bastardi, militibus, vocatis testibus ad premissa; et me Guigone Frumenti de Gratianopoli, publico apostolica, imperiali, dom^i Francorum regis et dalphinali auctoritatibus notario, qui premissis dum sic fierent interfui et requisitus... hoc instrumentum inde scripsi propria manu et signo meo solito presignavi.

† Et ego Humbertus Pilati de Buxeria, clericus Grationopol. diocesis, apost., imper. et d. Franc. regis auctoritt. notarius publ..... hic manu propria me subscripsi et signum meum consuetum apposui in robur et testimonium premissorum.

(1) Original parchemin de 39 lig. — Transcript. dans la *Copie* de 1567 (n° x) et dans le *Cartul.* (f° 9 et f° 33) : « Instrument de donation faicte par Humbert daulphin audict couvent des frères Prescheurs d'une maison, jardin et plassaiges, situés jouxte ledict convent. » — Fragm. dans VALBONNAIS, *H.Est.*, t. II, p. 47 a (Note Guig. Frumenti, f° 27). = Le *Cartul.* renferme en outre (f°s 29 à 32) un acte de vente passé, le 3 août 1340, par « disc. vir Hugo Mercerii, civis Gratianopolis, et Joanneta filia quond. Odonis Vitalis, ejus uxor, rev^do in Ch. patri dom. Joanni de Cors, D. g. episcopo Tiburtino », des susdits maison et verger contigus, situés à Grenoble « extra muros civitatis, versus portam Troynam, prope Blancheriam, juxta careriam publicam, et coheret a parte anteriori recte ad opposito monasterii domus FF. PP., dicta careria mediante, et aqua Draveti fluit a parte posteriori, et ab uno latere possidet

dict. d. Joannes et ab alio latere possidet mag. Joannes Mugueti latomus domum cum viridario », au prix de 110 florins d'or ; le contrat fut passé à Grenoble, dans la maison de l'évêque de Tivoli, en présence de notaires. Le 5 suiv. « rev. in Ch. pater d. Joannes de Chissiaco, D. g. Gratianopol. episcopus, » confirma cette vente et investit l'acheteur, en le quittant « de laudimiis et venditionibus »; furent entre autres présents « d. Rodulphus de Chissiaco, canonicus Lausanæ, frater dicti d. episcopi Gratianop., frater Joannes de Clasio, fr. Conoudus, fratres ordinis Predicatorum conventus Gratian. — Les vendeurs cédèrent sur leur créance 100 florins d'or petit poids « Guillelmo Geneveysii, civi Gratianopolis », qui en donna quittance, le 19 suiv., à frère Conod (un des témoins ci-dessus), procureur de l'évêque de Tivoli ; comme témoins figurent « Guillelmus Giroudi de Rovoyria, civis Gratianop., fratres Johannes Revolli, Petrus de Vennone, ordinis Predicatorum conventus Gratianop., Johannes de Monnerro, dictus Grosso, clericus, Perrerius filius Petri de Octana de Geneveysio, frater Petrus Balbi, ordinis S¹ Anthonii » (origin. et *Cartul.*, f⁰ 27).

## XVIII. *Donatio Humberti dalph. de prato Blancherie.* [1]

### 28 mai 1348.

In nomine Domini nostri Jesu Christi, amen. Noverint univ. et sing. præs. pariter et fut. hoc præs. publ. instrumentum visuri et etiam audituri quod, anno ejusdem Domⁱ millesimo tricentesimo quadragesimo octavo, die vigesima octava mensis maii, indictione prima sumpta cum anno, illustris princeps et dominus dom. Humbertus dalphinus Viennensis, in mei notarii publ. et testium infra script. præsentia personaliter constitutus, considerans et attendens quemadmodum ob Creatoris altissimi Virginisque gloriosæ Mariæ matris ejus reverentiam et honorem et pro cultu eorumdem, de sustentatione pauperum Jesu Christi et Deo dedicatorum dotatione efficaciter cogitetur, animarum remedium erga ipsum omnipotentem Creatorem salubriter procuretur; igitur præfatus dominus noster dalphinus, cogitans quod fratres conventus Fratrum Prædicatorum Gratianopolis, ordinis beati Dominici, ad laudem Dei omnipotentis et gloriosæ Virginis matris ejus totiusque exercitus supernorum ac pro dicti domⁱ nostri dalphini et prædecessorum suorum animarum remedio nocte dieque divinis adhærent officiis ac in divino cultu vacare conantur devotius incessanter, ipsis fratribus et conventui, intuitu præmissorum et ut ad Deo serviendum et orandum pro eodem ferventius animentur et bis in anno speciales commemorationes et duo anniversaria pro dicti dom$^i$ nostri dalphini ac prædecessorum et parentum suorum animarum remedio faciant et facere annis singulis in perpetuum teneantur, in extenuationem et emendam ablatorum incertorum per cum et ejus prædecessores, dedit, donavit, cessit et concessit sua mera et spontanea voluntate, pro se et suis heredibus et successoribus inperpetuum quibuscumque, pro eorum novo dormitorio faciendo, donatione pura et irrevocabili inter vivos... quoddam pratum suum quod habet apud Gratianopolim versus iter publicum de Blancheria, juxta flumen Isaræ ex una parte et juxta aquam parvi Dravi ex altera, et juxta prata Petri Fabry quondam de Breumo et Joannis Chaunesii ex alio latere, cum suis aliis confinibus, cum omn. arboribus, ingressibus, egress., juribus et pertinentiis...: ita tamen acto quod dicti fratres et conventus ipsum pratum teneant et tenere debeant in feudum franchum et de feudo franco monasterii et conventus monialium Montis Floriti, ordinis beati Dominici, Gratianopol. diœcesis; quod quidem feudum franchum prædictus dom. noster dalphinus ipsi monasterio Montis Floriti, in remissionem suorum peccatorum, contulit et donavit tenore præsent. litterarum : acto tamen quod si dict. pratum venderetur vel alienaretur in toto vel in parte, quod laudes et vendæ ad ipsum monasterium Montis Floriti pertineant et pertinere debeant pleno jure, et ipsas laudes et vendas in casu prædicto possit ipsum monasterium M. F. et sibi liceat exigere, percipere et levare juxta et secundum formam in dicto loco acthenus consuetam; nihil... quoad utile dominium idem dom. n. dalphinus sibi vel suis... ulterius retinendo, sed omnia... in ipsum conventum Prædicat. transfert penitus et transportat... absque retinemento quocq., excepta jurisdictione meri et mixti imperii...; volens et concedens idem dom. n. dalphinus quod prædict. monasterium Montis Floriti habeat et habere debeat in prædicta jurisdictione... reservata..... viginti solid. Viennensis monetæ tunc currentis pro baano dumtaxat. Qui quidem dom. n. dalphinus se constituit.. possidere,.... concessit licentiam....., se devestivit et præfat. fratres et conventum... per traditionem cujusd. annuli aurei investivit; mandans et præcipiens expresse..... tenore præs. instrumenti baillivo et judici **Graysivaudani** necnon castellano **Gratianopolis**, modernis et futuris, et... locatenentibus eorumd. quatenus prædict. fratres et conventum in possessionem..... ponant efficaciter et inducant, inductosque tueantur pariter et deffendant..., absque alterius expectatione mandati. Quæ omnia..... idem dom. n. dalphinus..... promisit bona fide... attendere firmiter... et inviolabiliter observare..., renuntiavitque...; mandans et præcipiens... præs. instrumentum ad perpetuam rei memoriam per suum fidelem cancellarium sui communis sigilli munimine roborari. De quibus... Acta fuerunt hæc in monasterio Beatæ Mariæ de Saletis, juxta ecclesiam dicti loci, præsentibus dom. Jacobo Riveriæ, præceptore Navarræ, Guilhelmo Fornerii, in utroque jure licentiato, procuratore dalphinali, fratribus Girando de Saltu, priore conventus Carmelitarum Bellivisus in Royanis, Guichardo de Boenco, Petro de Montepessulano, ordinis Augustinorum; dom. Armando de Burgo milite et Petro de Sancto Dyonisio, publ. notario clerico prædicti dom. n. dalphini, ac pluribus aliis testibus...

Et ego Petrus Anselmi de Veuriaco, clericus Lugdunen. diœcesis, publ. author. imper. notarius et dicti dom. dalphini juratus...

(1) Texte dans le *Cartul.*, f° 35-6.

## XIX. *Patentes de Charles V portant prorogation de secours pour la construction de l'église et du dortoir.*[1]

### 26 juillet 1366.

CHARLES, par la grace de Dieu roy de France et daulphin de Viennois, a nostre ame et feal tresorier de nostredict Dalphine, Adam Chanteprune, salut et dilection. Comme ja pieça feu Ymbert, lors daulphin de nostred. Dalphine, eust donne par ses lettres aux religieux les prieur et convent des Freres Prescheurs de nostre cite de Grenoble tous droietz, yssues et revenues du peaige dudict lieu, a avoir et prendre par eulx jusques a ce que leur eglise et dortoirs de Grenoble fussent edifiiez et parfaictz, pour convertir et emploier en ladicte edification ; et depuis nostre ame et feal conseiller le sire de Louppy, gouverneur de nostred. Dalphine, et vous aiez traictie et convenu aveq lesd. religieux que en recompensation de leurd. don ilz auront et prendront chacun an cent florins d'or du poix dalphinal sur led. peaige jusques a six ans commencans le premier an au jour de feste sainct Jehan Baptiste dernier passe, pour tourner et convertir en lad. edification, et desd. six cens florins par lesd. six annees lesd. religieux ne puissent faire parfaire ne achever leurd. eglise et dortoir, si comme ilz nous ont donne a entendre, en nous suppliant que de nostre grace vueillons sur ce pourvoir ; nous, considerans les choses dessus dictes, ausd. religieux avons donne et octroie, donnons et octroions de grace special et en aumosne que oultre lesd. six annees ilz auront et prendront sur led. peaige par quatre annees ensuivans pour chacune cent florins dud. poix, pour emploier et convertir es choses dessus dictes. Si vous mandons que lesd. religieux vous faciez et laissiez joir et user de nostre presente grace, et lesd. cent florins par an par lesd. quatre annees oultre les aultres six annees dessusd. vous leur laissiez lever et prendre sur led. peaige sans contredict par la maniere que dessus est dict, et aussi ledict traictie et acord faict par nostred. gouverneur et vous aveq lesd. religieux faictes acomplir et garder selon la forme et teneur d'icelluy ; et nous voulons tout ce que ainsi paie sera ausd. religieux ou leve par eulx sus led. peaige dont il apperra estre alloue en voz comptes et rabbatu de vostre recepte ou de celluy a qui il appartiendra par noz amez et feaulx gens de noz comptes, non obstant ordonnances, mandemens ou deffences a ce contraires : car ainsi le voulons nous estre faict et l'avons octroie ausd. religieux de nostre certaine science et grace special. Donne a Paris, le xxvi$^e$ jour de juillet, l'an de grace mil trois centz soixante six et de nostre regne le tiers. — Par le roy daulphin, signe N. de Verres et scelle sur cire rouge en simple queue.

(1) Texte dans la *Copie* de 1567 (n° XVI) et dans le *Cartul.* (f° 13).

### XX.[1] — 13 août 1366.

CHARLES, *(comme à la ch. précéd.)*... *(l. 39)* non obstant assignations faictes ou a faire a vie ou a heritage et que nous aions ordonnez les revenues de nostred. Daulphine estre converties autre part et en aultres usaiges et quelconques ordonnances... Donne au Bois de Vincennes, le XIII° jour d'aoust, l'an de grace mil trois cens soixante six et de nostre regne le tiers. — Par le Roy daulphin, J. Blanchi, scelle de cire rouge sur queue simple.

(1) Texte dans la *Copie* de 1567 (n° XIII) et dans le *Cartul.* (f° 11).

### XXI. *Patentes de Charles V sur le même objet.*[1]

#### 9 août 1368.

CHARLES, par la grace de Dieu roy de France et daulphin de Viennois, au gouverneur et aux auditeurs des comptes de nostredict Daulphine, salut. De par les Freres Prescheurs du convent de Grisnoble nous a este donne a entendre que, comme feu Humbert, jadis daulphin de Viennois, nostre predecesseur, pour estre et demeurer perpetuellement aveq ses successeurs daulphins es prieres desdictz freres, leur eut donne la somme de mil florins d'or en pure et vraie aumosne pour faire et edifier leurs eglise et dortoir, a prendre et lever sur les prouficitz et emolume..tz du peaige de la ville de Grisnoble, et despuis ce considerant que lesd. eglise et dortoir ne pourroient estre parfaictz ne acompliz desd. mil florins, en ampliant sond. don et aumosne leur eut donne et octroie led. **peaige** entierement a lever et recevoir par leur main jusques a ce que lesd. eglise et dortoir fussent entierement parfaictz et acompliz : parmy ce toute voie que ilz seroient tenuz de rendre compte chacun an de la valeur dud. peaige et des fraiz et missions faietz pour raison d'iceulx edifices ; neantmoins du depuis que led. Dalphine est venu a nous lesd. freres n'ont peu joir ne user dud. don et aumosne a eulx faictz par la maniere que dict est, combien que sur ce se soient traiz plusieurs fois pardevers nous, mais a passe XII ans ou environ que l'on ne feit aucun ouvraige es dictz dortoir et eglise par deffault du paiement d'icelle aumosne, dont ilz sont en adventure de demeurer imparfaictz perpetuellement, par quoy il conviendroit lesd. freres laisser leurd. eglise et le divin service cesser en icelle, se sur ce ne leur est par nous pourveu de gracieux et convenable remede, si comme ilz dient. Pourquoy nous, considere ce que dict est et que lesd. freres sont prestz et appareillez de rendre bon compte et loial de ce qu'ilz ont receu dud. peaige et par quelle maniere tout ce que receu en ont a este despendu et converty esd. edifices, vous mandons que vous ouez bien et diligemment led. compte de tout ce qu'ilz ont receu desd. emolumens dud. peaige et aussi de ce qu'ilz ont mis pour cause desd. edifices et les temps des receptes et des mises dessus dictes, et saichez en quel poinct lesd. edifices sont quant a present et combien tout ce que est a parfaire esd. eglise et dortoir pourra coster pour une fois, et en quelles choses et combien vault et peult valoir chacun an led. peaige de rente, et ce ainsi faict le rescriviez a nos amez et feaulx conseillers les gens de noz comptes a Paris et la verite de ce aveq vostre advis, et leur envoiez les coppies des dons qui sur led. peaige leur ont este faictz, affin que nosd. gens en puissent ordonner selon ce que sera a faire par raison. Donne a Paris, le neufviesme jour du mois d'aoust, l'an de grace mil trois centz soixante et huict et de nostre regne le quint. Par le conseil estant en la chambre des comptes, Fenegrani. Scellees de cire rouge sur queue simple.

(1) Texte dans la *Copie* de 1567 (n° XIV) et dans le *Cartul.* (f° 11 v°).

## XXII. *Patentes de Charles V ordonnant le payement de mille florins pour achever l'église.*[1]

### 28 février 1377.

CHARLES, par la grace de Dieu roy de France, dauphin de Viennois, au tresorier et au receveur general de nostre dit Dauphine, salut. Oye l'umble supplication des povres religieux prieur et freres du convent de Grenoble, de l'ordre des Freres Prescheurs, contenant que comme feu Ymbert dauphin, nostre predecesseur, que Dieux absoille, avant qu'il transportast a noz predecesseurs et a nous son Dauphine, pour le salut de son ame et de ses predecesseurs et successeurs et en contemplation de la mutation d'un veu qu'il avoit fait d'aler oultre mer en convertissant les despens en pies euvres, eust donne en pur aumosne au dit convent de Grenoble, du quel il estoit fondeur, pour faire leur eglise et dorteur la somme de mil florins pour une foiz, a prendre et lever sur le peage de Grenoble, le quel peage de la volente du dit feu dauphin fu deslors delivre a frere Jehan Josserant, lors souz prieur du dit convent, qui le tint en sa main ou nom d'icelui convent pour en prendre les emolumens jusques a tant que plainement leur seroit satisfacion faite des diz mil florins; et avec ce ycelui feu dauphin, considerant que l'eglise et dorteur du dit convent ne se povoit acomplir selon son desir et devotion des diz mil florins, en augmentant son dit premier don donna aus diz supplians touz les emolumens du dit peage, et voult et ordena que ycelui peage demourast en la main d'iceulx supplians, et que par la main du prieur du dit convent ou de son lieutenant touz yceulx emolumens fussent pris et levez jusques a ce que la dicte eglise et dorteur fussent acompliz entierement. Ce non obstant, ja pieca par vous ou autres noz genz et officiers de nostre dit Dauphine le dit peage a este oste de la main des diz supplians et ont este empeschiez de prendre et recevoir les diz emolumens du dit peage, et si est encores a parfaire leur dicte eglise et dorteur, par quoy il a convenu que yceulx supplians, pour les grans fraiz et despens et le traval aussi qu'il soustenoient et qu'il ne povoient ce plus susporter ne pourchasser, aient fait accort et composicion avec vous ou noz dictes genz du dit Dauphine, par le quel accort il ont quiete et remis tout le droit qu'il povoient avoir ou dit peage et es emolumens d'icelui a cause du dit don, en prenant six cenz florins pour une foiz sur le dit peage, c'est assavoir chascun an cent frans jusques en fin de paie; la quelle composicion ainsi faite et apres ycelle, nous considerans que VI$^c$ florins estoit pou de chose pour acomplir l'eglise et faire le dit dortoer, leur avons donne en pur aumosne quatre cenz florins a prendre avec les diz VI$^c$ florins de la dicte composicion sur le dit peage, et combien que par noz lettres sur ce faites vous ou noz dictes genz soiez certifliez de nostre dit don et aiez este requis que ycelles noz lettres avec la dicte composicion vous vuilliez mettre a execucion selon leur teneur, n'en avez encores riens fait et convient que la dicte eglise et le dit dortoer demeurent imparfaiz contre l'entencion et devocion de leur dit fondeur et en leur tresgrant grief, dommage et prejudice, si comme ilz dient, requerans que considere en especial la cause pour la quelle le dit feu Ymbert donna le dit peage et que l'en le devoit convertir es edifices de la dicte eglise et du dit dortoer, nous sur ce leur vuillions pourveoir de remede. Nous ces choses considerees, voulans nostre dit don et ottroy sur ce fait avoir et sortir son plain effect, vous mandons et enjoignons estroictement et a chascun de vous si comme a lui appartendra, que vous paiez ou faites paier sanz delay aus diz supplians ou a leur certain commandement les diz mil florins sur le dit peage et emolumens d'icelui, ainsi que contenu est en noz autres lettres dont il vous est apparu ou apperra, pour tourner et convertir en la reparacion et la closture de leur eglise et convent dedens la forteresse de la dite ville, que nous leur avons octroie a faire faire par noz autres lettres et par l'ordenance du gouverneur de nostre dit Dauphine. Et nous voulons et mandons que par rapportant ces presentes, noz dites autres lettres de don et celles de la dite composicion avecques quictance des diz supplians, sur ce la dite somme de mil florins estre allouee en vos comptes ou de celui ou

ceulx a qui il appartendra par noz amez et feaulx
genz de noz comptes a Paris, sanz contredit ou difficulte aucune, non obstant..., au contraire. Donne a
Paris, en nostre chastel du Louvre, le derrain jour de
fevrier l'an de grace mil CCCLX seize et de nostre regne le xiii°.

Par le Roy en ses requestes, J. Urvoy.    Auxois.

(1) Original parch. de 29 lig. avec trace de sceau; analyses au
dos. — Transcription dans la *Copie* de 1567 (n° xvii) et le *Cartul.*
(f° 13 v°).

XXIII. *Patentes de Charles VI sur le même objet.* [1]

30 décembre 1384.

Charles, par la grace de Dieu roy de France et
dauphin de Viennes, a noz amez et feaulz les tresorier et receveur general de nostre Dauphine, salut.
Les religieux prieur et freres du convent de Grenoble,
de l'ordre des Freres Prescheurs, nous ont expose que,
comme (*ch. préced.*)... (*l. 41*) paie. Apres la quelle composicion ainsi faicte, nostre treschier seigneur et pere,
que Diex absoille, considerant... (*l.54*) dient, requerans
sur ce nostre provision; pour ce est il que nous ces
choses considerees et que la dite eglise est situee et
assise pres des murs de la dite ville de Grenoble, en
dehors d'icelle, et que nostre dit seigneur ottroya aux
diz exposans par ses lettres que ilz peussent faire
clorre leur dite eglise dedens l'enfermete des murs de
la dite ville de Grenoble, pour les perilz et inconveniens que s'en povoyent ensuyr et afin que yceulx
exposans demourassent en paix et en seurte avec ceulx
de la dite ville, la quelle chose ilz n'ont peu faire ne
acomplir ne encores ne pourroyent sanz nostre aide,
tant pour la pourete d'eulz comme pour ce que a ce
faire leur convient bien la somme de six mille frans,
si comme ilz dient, vous mandons et a chascun de
vous si comme a luy appartendra, que vous paiez ou

faictes payer aux diz exposans ou a leur certain mandement sanz delay la dite somme de mil florins a eulz deue sur le dit peage et esmolumens d'icelluy, ainsi et par la maniere que contenu est es lettres de nostre dit seigneur et pere dont il vous apperra, pour tourner et convertir es choses dessus dites et non ailleurs selon le contenu des dites lettres, car ainsi le voulons nous estre fait et aux diz exposans l'avons octroye et octroyons par ces presentes de grace especial, non obstant... Donne a Paris, le xxx° jour de decembre l'an de grace mil CCC quatrevins et quatre, et de nostre regne le quint.

Par le Roy dauphin, a la relacion de mons. le duc de Bourgogne, J. de Monteacuto.

(1) Original vélin de 21 lig. avec trace de sceau; analyses au dos. — Transcript. dans la *Copie* de 1567 (n° xv) et le *Cartul.* (f° 12).

### XXIV. *Patentes du dauphin Louis sur la clôture.* [1]

#### 18 octobre 1444.

Lois, aisne filz du roy de France, daulphin de Viennois, au gouverneur de nostre Daulphine ou a son lieutenant, salut. Ouye l'humble supplication des pauvres religieux prieur et freres du convent de Grenoble, de l'ordre des Freres Precheurs, contenant que pour ce que leurd. eglise et convent sont situez hors de la ville et cite de Grenoble, pres des murs d'icelle, et qu'il est de necessite que leurd. eglise soit parachevee de clorre au dedans de la forteresse de lad. ville, ainsi que par monseigneur et ses predecesseurs leur fut pieça par leurs lettres donne congied de faire, nous vous mandons que de l'octroÿ a eulx faict par mond. seigneur et ses predecesseurs, comme dict est, en tant que touche lad. closture, laquelle ilz dient ja pieca estre encommencee et bien avancee, vous les faictes et permettez joir tout selon la teneur desd. lettres, sans leur donner ne souffrir faire aucun empechement, au contraire.

Donne a Emsscin en Almaigne, le xviii° jour d'octobre, l'an de grace mil quatre cens quarante et quatre. Par monseigneur le Daulphin, le sire de Fontaines, messr³ Jehan Sanglier et autres presens, Durant. Scelle de cire rouge.

(1) Texte fourni par la *Copie* de 1567 (n° xviii) et le *Cartul.* (f° 14 v°).

## XXV. *Conventiones inter conventum et consules civitatis super fortificatione complenda.* [1]

### 24 octobre 1447.

In nomine Domini, amen. Hujus publ. instrumenti serie cunctis... appareat evidenter et fiat liquide manifestum quod, cum ecclesia et conventus Fratrum Prædicatorum civitatis Gratianopolis sint disjuncti et separati a mœniis et clausura dictæ civitatis, ita quod tempore profuturo eminente periculo guerrarum forte esset necesse ipsos ecclesiam et conventum disrui nisi dict. mœniis et clausuræ essent juncti et infra dicta mœnia et clausuram inclusi, quod esset valde damnosum et forte Deo displicibile adeo quod civitas prædicta, si ejus culpa et negligentia disruerentur, forte pati posset, attento potissime quod in dictis ecclesia et conventu cultus divinus atque laudes laudabiliter coluntur et preces diversimode pro dicta civitate Deo offeruntur atque infunduntur, dictusque conventus volens indemnitati possetenus obviare jamdiu incepit dict. conventum fortificare, licentia super hoc a condominis dictæ civitatis prius per eundem conventum obtenta, utpote quædam magna fossalia, duas turres rotundas et unam dimidiam turrim et muros inter dict. turres necessarios jam fieri inchoavit et quæ pro majori parte factæ sunt et illas complere, restat tamen dict. clausuram inceptam jungere cum mœniis et clausura dictæ civitatis ut dicti ecclesia et conventus infra eandem clausuram dictæ civitatis comprehendantur, quod tamen minime dict. conventus adimplere posset sine subsidio dictæ civitatis, et quod animadvertens dicta civitas seu universitas ejusdem, et quod etiam si dicti ecclesia et conventus modo infra scripto jungantur seu includantur infra fortificationem dictæ civitatis ipsa universitas commodum reportabit ut inferius declarabitur; hinc propterea fuit et est quod, anno Nativitatis ejusd. Domini millesimo quatercentesimo quadragesimo septimo, indictione decima ipso anno sumpta et die vigesima quarta mensis octobris, coram nobis notariis publ. subsignatis, scil. Raymundo Fabri, dalphinali secretario, Guillermo de Cruce, pro parte episcopali, et Joanne Porreti, pro parte dictæ universitatis, ad hoc evocatis... ac in præsentia honorabilium virorum magg. Nicolai Rolandi, thesaurarii Dalphinatus, et Joannis Origniaco, auditoris computorum dalphinalium, commissariorum ad hoc per ill$^{em}$ dominum nostrum dalphinum deputatorum, et Petri de Bolliaco, etiam commissarii ad hoc per rev$^{dum}$ in Ch° patrem dom. episcopum Gratianopolitanum deputati..., assistentibus etiam ibidem hon$^{bus}$ viris mag. Joanne de Marolio, dict. computorum dalphinalium auditore, et mag. Tybaudo Girardi, magistro operum dalphinalium, et de prænominatorum consensu, consilio et voluntate fuerit advisatum, ordinatum et conclusum inter dd. fratres dicti conventus subnominatos, propterea congregatos ad sonum campanæ in eorum capitulo et capitulantes atque capitulum dicti eorum conventus facientes, et consules atque consiliarios et alios cives dictæ civitatis etiam subnominatos, nomine universitatis dictæ civitatis ibidem propterea etiam congregatos, quod adjunctio dictæ clausuræ ut supra per dict. conventum inceptæ, quæ jungitur mœniis et clausuræ dictæ civitatis taliter quod dicti ecclesia et conventus sint et comprehendantur infra clausuram dictæ civitatis, fiat pro bono et utilitate dict. universitatis et conventus modo et forma in capitulis subscriptis contentis : — Et primo, quod a turri rotunda jam incepta per dict. conventum et alciata usque ad secundum planchiamentum et ultra et quæ faciet quadrum dormitorii dicti conventus, fiat unus murus bonus et sufficiens usque ad turrim dictæ civitatis propinquiorem posterlæ Pertuseriæ, a parte domus nobilis

Jacobi Bomparis, altitudinis aliorum mœniorum dictæ civitatis, et qui murus faciet mœnia et clausuram dictæ civitatis, et in quo muro circa medium fiet una dimidia turris latitudinis alterius dimidiæ turris jam per dict. conventum inchoatæ et altitudinis necessariæ, et a quolibet latere dictæ dimidiæ turris fiet una bertrachia ad quatuor foramina de machicoleys, et sub illa quæ fiet a parte dictæ civitatis fiet una posterla ad instar dictæ posterlæ Pertuiseriæ; — 2) item et extra dict. murum sic fiendum jungentur fossalia ejusdem civitatis cum fossalibus dicti conventus jam ibidem factis, et ibi ante dict. posterlam fiet super dict. fossalibus unus pons per dict. universitatem, et manutenebuntur per eandem: dicti vero fratres et conventus dicta eorum fossalia quantum durant juxta ipsorum ecclesiam et conventum manutenere perpetuo tenebuntur; — 3) item, quod fossalia dictæ civitatis nunc existentia ab illa parte, videl. a dicto muro fiendo usque ad portam Troynam, repleantur terra et platea quæ ibi erit inter dicta mœnia dictæ civitatis et viam publicam quæ protendetur a dicta posterla fienda versus dict. portam Troynam sit et remaneat propria dictæ universitatis pro usu rei publicæ dictæ universitatis; — 4) item, quod muri et turres a latere dicti conventus seu retro dict. conventum jam per dict. conventum incepti et qui facient mœnia dictæ civitatis atque defensionem dicti conventus perficiantur et compleantur per dict. conventum, et quod omnes fenestræ dict. murorum bene ferrentur et quod in ædificiis quæ fient in et insuper dict. muris et turribus fiant portæ necessariæ per quas possit haberi accessus et ambitus super eisdem pro custodia et defensione dictæ civitatis, quarum portarum fiet per dict. conventum apertura dictæ civitati dum et quando eisdem civitati videbitur necessarium et opportunum tempore evidentis periculi et alias pro custodia et deffensione prædictis; — 5) item, quod ab alia turri rotunda quæ facit alium angulum dicti conventus a parte Draveti facient et continuent dicti fratres eorum clausuram et fortificationem usque ad unam turrim quadratam latitudinis sex teysiarum, quæ faciet portale dictæ clausuræ dictæ civitatis, quod ibidem prope Dravetum denovo fiet per dict. conventum, et a dicto portali novo sic fiendo usque ad turrim præposituræ ecclesiæ Sancti Andreæ de bono et sufficienti muro, et circa medium cursus dicti muri fiet una dimidia turris ad modum aliarum dimidiarum turrium supra mentionatarum, et in duobus lateribus dictæ dimidiæ turris fient duæ bertrachiæ necessariæ et sufficientes, dictum vero portale distabit a proxime dicta turri rotunda decem novem teysiis; — 6) item, quod quidquid remanebit inter dict. conventum et dictas vias publicas protendentes a supra dict. duobus portali et posterla, ut supra de novo fiendis, ad portam Troynam sit et pertineat dicto conventui pure et libere ad habendum, *etc.*, citra tamen præjudicium dictæ universitatis et rei publicæ : angulus tamen horti dicti conventus a parte dictæ viæ, protendentis a dicta porta Troyna ad dict. portale Draveti ut supra fiendum syncopabitur et restringetur, ut dicta via recta fiat prout expediens videbitur; item, etiam parvus murus qui est retro capellam anteriorem Sancti Petri martiris restringetur per dict. fratres a parte dictæ capellæ per spatium unius teysiæ cum dimidia et ultra secundum quod opus fuerit, ut per ibidem via publica quæ ibi erit recta fiat, et platea a parte dictæ civitatis elargietur et residuum per dict. fratres claudatur continuando clausuram ipsam usque ad viam tendentem a porta Troyna ad dict. portale Draveti ut supra fiendum; — 7) item, quod platea quæ erit et remanebit inter dict. viam publicam tendentem a dicta porta Troyna ad dict. portale Draveti ut supra fiendum et dict. muros pro dicta clausura ut supra fiendos a dicto portali Draveti usque ad dict. turrim præposituræ Sancti Andreæ, inclusis fossalibus nunc ibidem existentibus, quæ propterea implebuntur terra, dicta clausura facta sit et pertineat pleno jure ac perpetuo remaneat dictæ universitati Gratianopolis. ad tenendum, *etc.*; — 8) item, quod dicta universitas Gratianopolis habeat et habere debeat perpetuo, tempore tamen eminentis periculi, visitationem et custodiam dict. murorum ac turrium et bertrachiarum prædict. pro dicta clausura ut præmittitur factorum et fiendorum, et tam econtra dict. conventum quam alibi, et dict. portalis et posterlæ in dicta clausura... fiendorum, ac portarum et clavium eorumdem, sicut de aliis mœniis, turribus, portalibus, bertrachiis, portis et clavibus habuit et habet et habere consuevit, pure et libere, omni contradictione cessante; — 9) item, quia dicta clausura erit magna et valde sumptuosa atque dicto conventui insupportabilis, ex ipsaque dicta universitas magna commoda reportabit ratione elargitionis et ampliationis dictæ civitatis, quæ de multo propterea elargietur et ampliabitur, etiam contemplatione dict. fratrum et conventus ex quibus dicta civitas est nimium decorata, divino servitio quod ibi assidue fit maxime pensato, fuit advisatum et conclusum ut supra quod dict. conventus onus huj$^{di}$ totius operis in se suscipiat et suscipit, et quod dicta universitas in prædictis faciendis se juvet et manum porrigat adjutricem modo subdeclarato, videl. quod dicti fratres et conventus in dictis operibus fortificationis et clausuræ..... et ultra ea quæ jam inceperunt de dicta fortificatione, scil. duas turres rotundas et dimidiam turrim per eos jam inceptas et muros inter ipsas turres existentes, quos et quas suis sumptibus complebunt seu compleri facient, ultra summam subscript. implicent et exponant bene et rationabiliter summam octo millium florenorum monetæ currentis, de quibus dicta universitas Gratianopol. solvet eisdem fratribus et conventui, de et super tributis ejusdem civitatis pro fortificatione ejusdem levari consuetis, summam quinque millium floren. mon. cur. ad et per terminos super hoc statuendos : beneplacito tamen condominorum dictæ civitatis in omnibus semper salvo; — 10) item, quod si prædicta ædificia ultra dict. opus jam... inceptum et... complendum ascenderent aliquid ultra dict. summam octo mil. flor., quod super hoc dicta universitas habeat considerationem et in hoc se juvabit prout fuerit rationis. Dicti vero dd. commissarii dict. condominorum in quantum præmissa possunt præjudicare dict. condominis, ratione dict. platearum supra dict. communitati remanere ordinatarum, non consentierunt. Nomina vero dict. fratrum Prædicatorum in dicto capitulo ad præmissa consistentium sunt ven$^{les}$, religiosi atque rev<sup>di</sup> magistri in sacra theologia Jacobus Mercerii, vicarius generalis dom<sup>i</sup> provincialis Franciæ dicti ordinis, Joannes Bergerandi, necnon fratres Joannes Dalphinii, Claudius Bornonis, lector dicti conventus, Joannes Odonis, Stephanus Ripandi, Claudius Humberti, Joannes de Sancto Martino, Joannes Ridelli, Joannes Avenæ, Mathæus Carterii, Petrus Simonardi, Stephanus Oyeti, Nicolaus Campanodi, Jacobus de Nozerus, Joannes Avondi et Antonius Monuerii; consules vero, consiliarii et alii cives dictæ civitatis, qui in prædictis... fuerunt, sunt hi : nobiles ac providi viri ac egregius dom. Guillelmus Clementis, legum doctor, Antonius Bruni, conconsules dictæ civitatis, Claudius Cocti, Joannes Fabri, Petremandus Aquini, Joannes Rogerii, Jacobus Rodulphi, Petrus Graillii, Petrus de Montibus, Joannes Mayachii, Michael Cassardi, Joannes Pilati, Petrus Asterus, Hugo Girandi, Michaletus Valerii, Joannes Marrelli et Eynardus Sonnerii, consiliarii et cives dictæ civitatis. Quæ omnia... promiserunt dictæ partes... rata, grata, valida atque firma perpetuo habere...; renunciantes... De quibus... Acta fuerunt præmissa Gratianopoli infra dict. capitulum dicti conventus FF. PP.; præsentibus nobilibus viris Petro Chaberti de Castro Duplici, Andrea de Malo Rigardo, clerico dicti dom. thesaurarii, Guillelmo Durandi et Amedæo Bernerii de Voyrone, Rigaudo Tardivonis de Romanis, necnon Claudio Sonnerii, Jacobo Berlionis et Joanne Gondrandi alias Magnini de Gratianopoli..., et nobis dict. notariis publ. subsignatis, R. Fabri, G. de Cruce, Jo. Porreti.

(1) Insérée dans la charte suiv. (*Cartul.* f<sup>o</sup> 41-3) : « Traitté et convention... intervenue entre (le) convent des FF. Prescheurs de Grenoble et les consuls de lad. ville, concernant l'agrandissement du clos de lad. ville au moyen des murailles que led. convent fit faire pour son enclos, au moyen de quoi leur furent baillés les anciens fossés de lad. ville. »

XXVI. *Ludovici dalphini confirmatio præcedentium.*[1]

6 novembre 1447.

Ludovicus, regis Francorum primogenitus, dalphinus Viennensis comesque Valentinensis et Diensis, universis et sing. harum nostrarum præsent. litterarum serie notum facimus quod nos, cujus mentem invigilare decet ut quos ad cultum divinum ferventes novimus et intentos, sub justicialium nostræ dominationis alarum velamine debeamus non solum protegere, sed ut decet bonorum principum magnificentiam cum protectione vigenti tueri et fovere ac gratiis et favoribus prosequi et etiam prærogativis quam plurimis amplectari, ut dignetur Altissimus ex ipsius divini cultus fomite nos ad portum salutiferum ut optamus deducere et actus nostros dirigere felicibus incrementis. Sane dilectorum nostrorum religiosorum prioris et cæterorum fratrum conventus Prædicatorum civitatis nostræ Gratianopolis, incessanter in Dei laude et servitio vigilantium, ad quorum orationes et suffragia devotionem gerimus specialem, meritis pensatis et diligenter in nostram considerationem deductis; qui conventus per prædecessores nostros dalphinos Viennenses fundatus ad Dei et beatæ Mariæ laudem et cœtus superni est et dotatus; attendentes etiam quod ecclesia ipsius conventus et totus conventus sunt extra et prope mœnia et clausuram dictæ nostræ civitatis, et quod propterea tempore eminentis periculi guerrarum forte esset necesse pro tuitione dictæ nostræ civitatis ipsos ecclesiam et conventum disruere, quod nobis esset valde displicibile : præmissis attentis volentesque tali indamnitati obviare, licentiam et authoritatem contulimus dict. fratribus et conventui fortificandi dict. ecclesiam et conventum, et ipsam talem fortificationem jungendi cum mœniis et fortificatione dictæ nostræ civitatis, atque ipsos ecclesiam et conventum infra mœnia et fortificationem dictæ nostræ civitatis includendi; et super hoc certos nostros commissarios ordinavimus ad videndum et ordinandum...., et inde dicti fratres præd. conventus... atque consules et consiliarii dictæ nostræ civitatis..., assistentibus tunc sibi dict. nostris commissariis atque magistro nostrorum operum..., super modo et forma dict. fortificationis et adjunctionis inter se advisaverunt et ordinaverunt *(suit la ch. XXV)*. Cujus quidem instrumenti tenore et singulis capitulis consideratis et bene advisatis, omnia univ. et sing. in ipso... contenta et narrata rata et grata habentes et in suis firmitate et valetudine permanere volentes atque observare, illa authoritate nostra dalphinali laudamus, approbamus, confirmamus et ratificamus... harum serie nostr. litterarum, per quas gubernatori ac univ. et sing. justiciariis et officiariis dicti nostri Dalphinatus vel eorum loca tenentibus... injungendo mandamus, quatenus... observent atque observari et adimpleri faciant juxta ipsorum mentem et tenorem, quoniam beneplacitum nostrum in præmissis ita declaramus et detegimus.... ad præsentium corroborationem sigillo nostro muniri voluimus. Datum Gratianopoli, die sexta mensis novembris, ann a Nativitate Domini millesimo quadringentesimo quadragesimo septimo. Per dominum dalphinum, vobis dominis de Castillione, d'Estissac, mag. Regnerio de Bolligny, thesaurario generali Dalphinatus, et pluribus aliis præsentibus. P. Oitiers.

(1) Texte fourni par le *Cartul.*, f⁰ 41-3 : « Patentes du dauphin Louis (XI) permettant aux FF. Prêcheurs de Grenoble de fortifier leur convent. »

XXVII. *Consensus episcopi Grationop. pro clausura.* [1]

### 20 août 1448.

Aymo de Chissiaco, miseracione divina episcopus Gracionopol., dilectis et fidelibus nostris vicario ac officiali necnon procuratori fiscali ac conreario ceterisque officiariis nostris, salutem et sinceram in Domino caritatem. Supplicacionem dilectorum filiorum prioris ac religiosorum conventus Fratrum Predicatorum hujus nostræ civitatis Gracionopolis recepimus continentem quod, cum nos eisdem dederimus et concesserimus, in quantum tangit partem nostram episcopalem, licenciam et auctoritatem fortifficandi et claudendi ecclesiam et conventum predictos infra dict. nostram civitatem et cum meniis dicte nostre civitatis se jungendi, prout in licteris nostris eisdem fratribus nuper de voluntate et consensu dilectorum nobis in Xpisto consulum, burgensium et habitancium dicte nostre civitatis concessis plenius continetur; pro quibus faciendis et adimplendis consules, burgenses et habitantes dicte n. civitatis dict. fratribus et religiosis... se juvare voluerunt de summa quinque milium florenorum monete solvendorum terminis et solucionibus inter ipsos ad invicem appunctuatis; et quia ex post inter ipsos fratres et religiosos ex una et consules, burgenses ac habitantes dicte n. civitatis ex altera partibus, ut comperimus, appunctuaverint, beneplacito tamen condominorum hujus n. civitatis reservato, quod dicta $V^m$ floren. eisdem fratribus et religiosis... solvantur, videl. ducentum floreni singulo anno usque ad perfectam et integram satisfactionem atque solucionem dict. $V^m$ floren. in diminucionem quingentorum floren. per condominos ejusdem n. civitatis dict. habitantibus ordinatorum, super emolumentis et intratis ad tempus dict. habitantibus concessis levandorum et exhigendorum; quam siquidem summam $V^m$ floren. dict. intratarum ac aliorum emolumentorum in fortificatione dicte n. civitatis, in quantum concernit dict. nostram partem episcopalem, quolibet anno implicari ordinaverimus, requirentes hiidem fratres et religiosi quatinus in premissis nostrum consensum pariter et assensum prebere vellemus et dignaremur. Quibus mature pensatis, considerantes quod menia et edifficia construenda ac facienda in clausura ecclesie et conventus antedict. non modicum est ac cedit in reparacionem, fortificacionem ac decoracionem ejusdem n. civitatis, confirmantes ex nostra certa sciencia et approbantes dict. appunctuamentum..., volumus, consencimus ac expresse ordinamus quod dicti fratres et religiosi... habeant et recipiant... anno quolibet d[e et supe]r dict. intratis et aliis emolumentis dicte civitatis.... quousque dicta $V^m$ [floren.] integraliter persoluta existant in quartonibus et solucionibus consuetis recipiendis a firmariis et exactoribus..., inchoando primum pagamentum die xiia mensis marcii proxime venientis; et ad hoc faciendum tenore presencium precipimus et mandamus dict. consules et firmarios... per vos... cogi et compelli..., mandantes insuper... dilectis et fidelibus nostris auditoribus computorum dicte fortificacionis quatinus dict. II$^c$ floren. anno quolibet dict. priori ac religiosis PP. sic solutos in diminucionem dict. V$^c$ floren. in eorum computis singulo anno reddendis eisdem consulibus et exactoribus allocent, deducant et admictant..., quoniam sic fieri volumus et jubemus... Datum Gracionopoli, in domo nostra episcopali, die xx$^a$ mensis augusti, anno a Nativitate Domini M$^o$ quadringent$^o$XL$^o$VIII$^o$, sub sigillo nostro rotundo ac signeto manuali secretarii nostri subsignati in testimonium premissorum. DE CRUCE.

Per Dominum concessa.    Gratis de mandato Domini.

(1) Original parch. de 26 lig. avec trace de sceau pendant sur lemnisque; analyses franç. au dos.

---

XXVIII. *Sauvegarde accordée par le dauphin Louis.* [1]

### 19 août 1450.

Lois, aisne filz du roy de France, daulphin de Viennois, conte de Valentinois et de Dyois, a noz amez et feaulx le gouverneur ou son lieutenant et gens du conseil de nostre Daulphine et a tous noz autres justiciers ou a leurs lieutenans, salut et dilection. L'humble supplication de noz bien amez les religieux et convent des Freres Precheurs de nostre ville de Grenoble avons receue, contenant que combien que de toute anciennete ilz ont este et soient en la protection et sauvegarde especial de noz predecesseurs daulphins et de nous et en icelle aient este maintenuz, neantmoins ainsi comme ilz afferment pour plusieurs vraisemblables presumptions et conjectures ilz doubtent que aucuns leur mesfacent en corps et biens, tant d'eulx que de leurs serviteurs et familiers; pour ce est il que nous, qui sommes protecteurs des eglises en noz pais,

vous mandons et expressement enjoignons et a chacun de
vous se comme a luy appartiendra, que lesd. supplians,
leurs serviteurs, familiers, ouvriers et aides, maison,
edifflices et biens quelzconques... vous prenez et mectez en
ct soubz nostre protection et sauvegarde especial..., et les
maintenez et gardez en toutes leurs justes possessions,
droictz, usaiges, franchises, libertez et saisines..., et les
deffendez ou faictes deffendre de toutes injures, violences,
griefz, molestations, oppressions de force, d'armes, de
puissance, de laiz et de toutes aultres inquietations et
nouvelletez indeues..... Donne a Romans, le xix$^e$ jour
d'aoust, l'an de grace mil quatre centz cinquante, soubz
nostre seel ordonne en l'absence du grand. Par monseigneur
le daulphin, a la relation du grand conseil; signe
BOCHETEL et scelle de cire rouge a simple queue.

(1) Texte dans la *Copie* de 1567 (n° xix) et le Cart. (f° 14 v°).

## XXIX. *Gubernatoris littera retrocessionis fossalium* [1].

### 6 juillet 1464.

JOHANNES, Convenarum comes, marescallus Francie, gubernator Dalphinatus, Notum fieri volumus univ. quod, oblata nobis supplicacione pro parte prioris et conventus Fratrum Predicatorum Gracionopolis, super eo quod licet dict. conventus pro securitate et conservacione ipsius fossalia econtra ecclesiam et domum ipsius conventus in proprio fundo ejusdem fieri fecerit, et illa tamquam propria pluribus annis tenuerit et possederit, que quidem fossalia expost de expresso mandato seren$^{mi}$ principis regis Franchorum, dalphini Viennensis, domini nostri, sicut et alia dicte civitatis fuerunt ampliata eciam in proprio fundo et possessione ipsius conventus, et licet ipse dominus noster conventui jamdicto remiserit et voluerit pertinere sicut et perante pertinebant et possederat, videl. ab introhitu fossalium antiquorum dicte civitatis usque ad magnum iter quo itur a dicta civitate versus Eychirolias et portale quod novum ordinavit fieri prope turrim existentem super ripperia Dravi, et prout ipsa fossalia fuerunt in proprietate et fundo dicti conventus facta, et in signum hujus remissionis unam sepem infra dicta fossalia dict. conventus fieri fecerit, de qua tamen remissione et dono licteras ab ipso dom° nostro quamvis fuerint concesse minime habuit, culpa et negligencia prioris seu procuratoris et aliorum fratrum dicti conventus, asserencium in ipsis dono et remissione per ipsum dom. nostrum dicto conventui factis non fuisse presentes; super quibus per nos providere postularunt. Quapropter considerato quod ab antiquo dicta fossalia facta fuerunt sumptibus dicti conventus et inde possessa per ipsum, licet postmodum fuerint ut premissum est ampliata super proprietate et possessione ipsius conventus, huj$^{di}$ provisionem, donum et remissionem per dict. dom. nostrum supplicantibus jamdictis factas fuisse memorantes, dicto conventui ipsa fossalia insequentes voluntatem ipsius dom. nostri dedimus, remisimus et contulimus vice et nomine dalphinali... sibique decernimus per presentes, prout se extendunt ab antiquis fossalibus civitatis econtra ecclesiam et conventum usque ad iter magnum et publicum tendens versus Eychirolias; mandantes propterea et precipientes judici communi, castellano et conreario ac ceteris officiariis civitatis..., quathenus dict. priorem et conventum FF. PP. Gracionopolis... dict. fossalibus sicut termini jamdicti se extendunt uti et gaudere faciant, paciantur et permictant, inhibendo eciam consulibus et civibus dicte civitatis et quibuseq. aliis... et sub penis formidabilibus... fisco dalphinali applicandis, ne ipsos priorem et conventum in usu et possessione dict. fossalium turbent quovismodo vel impediant : quoniam sic fieri volumus et jubemus..., omni difficultate cessante... Datum Gracionopolis, die sexta mensis jullii, anno Domini millesimo quatercentesimo sexagesimo quarto.

Per dom. comitem gubernatorem in suo consilio, quo erant domini de Trignel, Castrinovi, mag. Petrus Gruel, presidens, et alii quam plures. DENT.

(1) Original parch. de 22 lig., avec trace de sceau sur lemnisque. — *Copie* de 1567, n° XII; *Cart.*, f° 10.

**XXX.** *Donatio Petri de Virgulto, capellani S[i] Ismerii* [1].

**8 août 1482.**

IN NOMINE DOMINI, AMEN... Notum fiat et manifestum quod, anno Nativit. ejusd. Dom[i] M° CCCC° octuag° II°, indic. xv[a] cum eod. an. sumpta et die VIII[a] mensis augusti..., ven[lis] dom. Petrus de Virgulto, cappellanus habitator parrochie Sancti Ysmerii, existens in sua bona et sana memoria..., actendens et considerans singularem devocionem quam jam longo tempore habuit et adhuc habet conventui et religioni Fratrum Predicatorum civitatis Gracionopolis et capelle Beate Marie de Pietate in ecclesia dicti conventus fondate, in qua ejus sepulturam elegit, propterea... dedit, donavit sive legavit... donacione pura... et pro salute anime sue... ven[li] religioso fratri et magistro Raphaeli Rosseti, sacre pagine doctori, priori et conventui Fratrum Predicatorum civitatis Grationopolis, videl. quand. ipsius... vineam quam plantari et edifficari fecit..., continentem circa XVI sestariatas, sitam in eadem parrochia S[i] Ysmerii loco vocato superius Petram Guilliat...: item plus dedit... dict. d. priori et conventui... duas cuvas sive tinas, unum torcular, duas bossias tenoris insimul circa XX somatarum, item decem alias bossias tenentes una alia supportante circa XXVI somatas, que bossie cum torculari sunt in domo capelle sue... Sancte Caterine in eadem parrochia... Donavit, inquam,... sub pactis et reservacionibus subscr.: primo... quod ipsi d. prior et conventus... teneantur eidem d. Petro providere ejus vita naturali durante in dicto conventu de una camera pro sua mansione, de pane, vino ac pidancia, prout uno ex religiosis ejusdem conventus; item et ipso vita functo, corpus suum in habitu religionis dicti conventus sepelliri facere teneantur et debeant in dicta capella B[e] Marie de Pietate, pro quo abitu suo corpori tradendo et vestiendo ipse d. Petrus debeat... dare... tres floren. monete...; item plus teneantur et debeant ipsi d. prior... et conventus post mortem ipsius d. P. celebrari facere in dicta capella B[e] M. de P. qualibet septimana tres missas, pro remedio anime ipsius d. P. et pro sua bona intencione, in quibus habeat specialem participacionem....; item magis teneantur.... complere... contenta in quad. cedula... Deinde se devestivit..., promictens et jurans..., renuncians... Acta et recitata fuerunt hec in dicta parrochia S$^i$ Ysmerii, in domo heredum prov. viri Glaudii Bellonis alias Chalvini, notarii quond., presentibus hon$^s$ viris d. Glaudio de Sappeto, curato de Alemonis, Michaele Bellonis alias Chalvini notario, Petro Romiliassi, Francisco Tornatoris et Anthonio Boneti, dicte parrochie... Et me Anthonio Galberti de Montebonodo. auct. dalph. publ. notario...

(1) Original parch. de 49 lig.; analyses lat. et franç. au dos.

## XXXI. *Transactio inter conventum et balistarios* [1].
### 16 juin 1490.

In nomine Domini, amen. Noverint univ. et sing. quod, cum septem anni elapsi fuerint dom. Joannes Raboti, legum doctor, dalphinalis consiliarius, adcensaverit et albergaverit... ab hon$^s$ viris Antonio Mestaderi et aliis syndicis et consulibus hujus civitatis Gratianopolitanæ, cum consilio... certam partem cujusd. plateæ existentis inter ecclesiam et conventum FF. Prædicatorum et mœnia dictæ civitatis, ubi solebant esse fossata antiqua ejusdem antequam dict. conventus clauderetur fossatis et muris, ut idem d. Joannes Raboti ibi faceret unum hortum et viridarium...; cumque ipse... intenderet claudere seu claudi facere suum dict. hortum, probus vir mag. Andreas Rizelli primicerius, vulgariter dictus rex balistariorum, et quidam alii ex balistariis dictæ civitatis sibi dixerunt et exposuerunt quod si ipse claudat et claudi faciat dict. hortum..., quod ipsi balistarii non poterunt ulterius ludere in illo loco in quo sunt soliti ludere, videl. de longitudine ecclesiæ dicti conventus, quia ille locus esset propter dict. clausuram arctus nimium et strictus, ita quod efficeretur inutilis ad ludum balistæ exercendum, proponentes et asserentes... quod inclytæ recordationis ser$^s$ dom. noster rex Ludovicus ultimo vita functus, cum traheret moram in hoc Dalphinatu tunc dalphinus existens, donavit dict. balistariis totam dict. plateam, etiam illam partem accensatam..., ut ibi ludum exercerent prout et ex post exercuerunt, maxime in illa parte quæ est contigua ecclesiæ dicti conventus ; sed ubi ven^{les} et rel^{si} viri dicti conventus essent contenti quod dicti balistarii luderent desubtus arbores existentes in quod. parvo plassagio contiguo capellæ anteriori Sancti Petri martyris et rumperetur et tolleretur ille parvus murus existens ante dict. arbores a parte solis ortus, qui respicit econtra butam dict. balistariorum, et fieret una porta in alio muro opposito illi claudens cum clave, qui murus est a parte occidentis et opponitur de directo muro præcedenti, tunc dict. d. Joannes Raboti nullum afferret nocumentum dict. balistariis per suam clausuram, imo ludus ipsorum efficeretur delectabilior et melior : rogantes eosdem dd. priorem et religiosos quod ita facere velint et dignentur, eo maxime quia ludus balistæ est quietus et pacificus nec in hoc interveniunt blasphemiæ, rixæ, injuriæ aut convicia, ut experiencia docet, imo balistari usus est summe necessarius pro tuitione rei-publicæ, ipsique prior et conventus in posterum forte commodum et utilitatem reportare poterunt ex piis largitionibus dict. balistariorum, Deo volente. Rev^{dus} vero pater, sacræ theologiæ professor, mag. Raphael Rosseti, prior dicti conventus Prædicatorum..., dixit et proposuit... quod dicti balistarii nullum jus habeant nec in dominio nec in utilitate in prædicta platea, quia tota ipsa pertinet civitati Gratianopolitanæ et ipso conventui... nec unquam apparebit aut constare poterit quod dict. dom. noster dalphinus donaverit plateam prædict. ipsis balistariis, prout nec verisimiliter præsumendum est illud facere voluisse in præjudicium conventus et civitatis prædict. quibus jam jus quæsitum erat, et si a casu constet vel appareat dict. balistarios in illa parte plateæ prædictæ quæ conjungitur ipsi conventui ludum balistæ interdum exercuisse et ibi lusisse, hoc fuit gratia facultatis et ex benignitate dicti conventus, qui dict. balistariis gratificari voluit, prout adhuc ipsi prior et conventus gratificari sunt parati... Tandem vero fuit et est quod, anno Domini M° CCCC°XC° et die xvi^a mensis junii..., præfati ven^{les} dom. prior et Stephanus Byesly, procurator dicti conventus FF. PP..., volentes acquiescere votis dict. balistariorum, videl. provid. virorum magg. Andreæ Rizelli, regis ludi prædicti balistæ, Guillermi Paquerati, Antonii Monachi, Petri Galliani et Joannis Caslini, ad preces etiam... dicti Joan. Raboti, habito prius... tractatu et matura deliberatione, voluerunt et consenserunt... quod præd. balistarii possint et valeant temporibus futuris ludere ad balistam et ludum exercere infra eorum plassagium sive platea prædicta et sub arboribus præd., videl. infra clausuram quæ ibi fiet, proprietate tamen dict. arborum et plateæ sive plassagii eisdem fratribus et conventui salva remanente, ita quod dicti balistarii solum usum ibi habeant ad ludum balistæ exercendum : ea lege tamen quod toties quoties inposterum contingeret fieri aliquas capellas infra prædict. ecclesiam PP. ab illa parte in qua ipse ludus balistæ exerceretur et quarum capellarum fundamenta et ædificia fierent in illo loco ubi balistarii vadunt ad ipsorum butam, et sic fierent extra muros dictæ ecclesiæ, aut ibi contingeret pro necessitate et utilitate dicti conventus fieri alia ædificia inposterum sive muros pro clausura valde utili et necessaria ipsi conventui, et quod in eum casum iter et transitus competens dict. priori et religiosis pro eundo de longitudine eorum ecclesiæ remaneat eis salvus et liber, et quod similiter dict. d. Joannes Raboti et ejus successores tenebuntur in eum casum et debeant restringere dict. suam clausuram, sive fiat lapidibus, nemoribus vel plantis, et illam retrahere versus mœnia dictæ civitatis de latitudine et quantitate quantum capellæ quæ fient in dicta ecclesia prætendentur et se extendent ultra murum prædictæ ecclesiæ PP. Et ita idem d. Joannes Raboti... promisit et juravit... Verumtamen... fuit.. protestatum... Acta et recitata fuerunt præmissa in capitulo dicti conventus FF. PP. Gratianopolis, præsentibus ibidem nob. Hugone de Lorasio, loci Mœrentii, mag. Guillelmo Gallifeti, notario et secretario dalphinali, Justeto Joffredi, fratre meo, Petro Boverii, Stephano Bayardi, laboratoribus de grangiis parrochiæ Sancti Joannis Gratianopolis, necnon ven. et rel. viro fratre Francisco Monerii, guardiano conventus Fratrum Minorum Cristæ Arnaudi, et dom. Flurimondo Piconis, sacrista, et nob. Rodulpho Repellini et me Petro Joffredi, notario et secretario dalphinali....

(1) Texte fourni par le *Cartul.*, f° 45-7.

## XXXII. *Sauvegarde accordée par le roi Charles VIII* [1].

### 12 mai 1497.

CHARLES, par la grace de Dieu roy de France, daulphin de Viennois, conte de Valentinois et Dyois, a noz amez et feaulx les gouverneur ou son lieutenant et gens de nostre parlement du Daulphine et a tous noz autres justiciers ou officiers ou a leurs lieuxtenans, salut et dilection. L'humble *(comme ch. XXVIII)... (l. 14)* familiers, et mesmement les cousses consulz et autres officiers de nostred. ville de Grenoble, pour aucunes divisions et proces qu'ilz ont eu a l'encontre d'eulx a cause du territoire de leurd. convent, lequel tous jours comme ilz nous ont faict remonstrer par voie de justice ont deffendu, les menassent iceulx cousses a cause que dict est leur faire perdre et oster les confrairies du Corps de Dieu, de Nostre Dame de Pitie, de S᷵ Sebastien, de Sainct Joseph et aultres qui sont en leur eglise fondees; pour... Donne a Lyon, le xii᷵ jour de may l'an de grace mil quatre cens quatre vingtz dixsept et de nostre regne (le) xiiii᷵ᵐᵉ. Par le roy daulphin, a la relation du conseil; signe Villebresme et scelle de cire rouge sur simple queue.

(1) Texte dans la *Copie* de 1567 (n° xx) et le *Cart.* (f° 15 v°). — Suit l'entérinement par « Johannes comes de Fuxo et Stampis, vicecomes et dominus Narbone, gubernator Dalphinatus... Dat. Gracionopoli, d. ix᷵ m. novembris anno Domini M°CCCC°XC°VII°. Per d. gubernatorem, ad relationem curie qua erant d. Joh. Palmerii miles, presidens, Joh. Raboti, Pon. Poncii, Bien. Gauteronis, Anth. Muleti, A. Putodi, Chaffredi Carolo et Joh. de Ventis. »

*Nous avons retrouvé, grâce à l'obligeante indication de M. Edmond Maignien, dans les* Documents mss. *recueillis par Guy ALLARD (t. XIV, f° 208), quelques mentions du* Nécrologe des Dominicains de Grenoble *qui manquent au texte donné plus haut; les voici :*

## Février.

(124) vij C. — Anniversarium dom$^i$ Petri de Morgiis.
(125) ix E. — Ann. dom$^æ$ Berengariæ dominæ Argenteriæ.
(126) xv D. — Annivers. dom$^æ$ Margaritæ Grinde.
(127) xxij D. — Annivers. fratris Joannis Revoli, quondam episcopi Aurasicensis, de conventu isto.
(128) xxiij E. — Anniv. dom$^i$ Nicolai Constantii militis.

## Mars.

(129) iiij G. — Anniversar. dom$^æ$ Regnaudæ de Comeriis.
(130) v A. — Anniversarium dom$^i$ Joannis Alemandi, præpositi Sancti Andreæ.

## Mai.

(131) xv B. — Anniversarium nobilis Annetæ Peliceriæ de Verone.
(132) xxij B. — Annivers. dom$^i$ Humberti dalphini.....
(133) xxv E. — Annivers. dom$^æ$ Aymaræ de Turnone.

## Juin.

(134) xxvij C. — *Anniversarium rev$^{di}$ patris dom$^i$ Guillelmi Gilinonis, præpositi ecclesiæ Cavalicensis, præsidentis in concilio dalphinali Grationopoli residenti, qui dedit pro oneribus capituli provincialis supportandis titulo puræ eleemosinæ XXV florenos valentes quinque scuta, anno Domini 1420, 9 aprilis.*

## Août.

(135) xvij E. — Anniversarium nobilium hujus patriæ qui occisi sunt in bello ad exercitu Anglicorum in Normannia.
(136) xxviij B. — Obiit frater Joannes de Vercors, confessor et cancellarius dom$^i$ Humberti dalphini et episcopus Tiburtinus.

## Octobre.

(87 *bis*) xi D. — Anniv. Petri de Originaco Senonensis, clerici dalphinalium computorum.

## Novembre.

(137) xx B. — Anniversarium Bernonis quondam domini de Boyquorone.

## Décembre.

(118 *bis*) xxj. — ...legibus et decanus Molissonis...

# INDEX

## PERSONARUM, LOCORUM, RERUM.

[*Les chiffres non précédés d'un astérisque (\*) renvoient aux numéros du* Nécrologe *(124-137, à la p. 72), les autres aux pages du* Cartulaire; *le signe* — *supplée à la répétition du mot principal de l'article, et cet autre* - *à celle des lettres identiques d'une variante*].

Abissu (lacus in),\*41.—*Les Abymes, c<sup>e</sup> des Marches (Sav.)*
Actuger (Petrus), cantor, 46.
Agna, delfina,\*26. = Anna.
Alamandi (Guillelmus), dom. Vallis Bonesii, 18; — (Syboudus), dom. de Revello, 10.
Alamando (de), 11.—
Alavardo (Johannes de),\*38. — *Allevard, a. de Grenoble.*
Alberti (b<sup>i</sup>) Magni [†1280] op. 92.
Albi (Petrus), jurisperitus, 62.
Albonis comes,\*26-7-8-9, 36, 40; — comitatus,\*24, 27; — comitissa,\*26, 30.—*Albon, c. de St-Vallier, a. de Valence.*
Alemandi (Joannes), praepositus S<sup>ti</sup>-Andreae [*de Grenoble*], 130.
Alemonis (curatus de),\*68.— *Allemond, c. du Bourg-d'Oisans.*
Altissiodori theologus, 12.—*Auxerre (Y.)*
Andreae (Guillelmus),\*38.
Andreas, filius Humberti II, 27 [† *non le 2 juillet 1338, mais en octobre 1335*].
Anglicorum exercitus, 135.
Angoniis (Nicholaus de), 37. — *Les Angonnes, c<sup>e</sup> de Brié.*
Anna, comitissa Viennen. et Albonis [*24 sept. 1282-130.*],\*30.
Anniversarium, passim,\*46; — generale, 4, 30, 63, 86.

Anselmi (Petrus) de Veuriaco,\*47.
Aplagnesi (Guillermus),\*31.
Aquini (Petremandus),\*60.
Arenis (Roudulphus de),\*35. — *Les Arrènes, c<sup>e</sup> de Gières, a. de Grenoble.*
Argenteriae (Berengaria dom<sup>a</sup>), 125. — *L'Argentière, c<sup>e</sup> de Venosc, a. de Grenoble.*
Argoudi (Lantelmus),\*40.
Artodi (Giraudi) uxor, 101.
Asterus (Petrus), frater,\*60.
Athena (Johannis) anniv. 93.
Audisia, uxor G. de Auriis, 111.
Augustinorum ordo,\*47.
Aurasicensis episcopus: Johannes Revolli. — *Orange (Vaucluse).*
Auriis (Bertrandus de),\*19; — (Guigo de), 111; — (Johannes de), 96; — (Petrus de), 109.— *Auris, c. du Bourg-d'Oisans, ou Oris, c. de Valbonnais.*
Aurilete (Margarita), 14.
Avenae (Joannes), frater,\*60.
Avinionis territorium,\*44. — *Avignon (Vaucl.)*
Avinionis (Johannes), donat. 90.
Avondi (Joannes), fr.\*60.

Balbi (Johannes), 94; — (Petrus),\*45.
*Balistæ* ludus,\*68-9, 70. — *B-*

*tarii*,*69,70; eorum rex,*68.70
Balmain (apud),*20, 30, 37. — *La Balme, c. de Crémieu.*
*Barb. tensor* conventus, 79.
BARELLIS (Petrus), 11.
BARNODI (Petrus), 94.
BARRANQUI (Drevo), 56.
BASTARDI (Johannes), miles,*44.
BAYARDI (Stephanus),*70.
BEATRIX (d<sup>a</sup>) delphina, dom<sup>a</sup> Fucigniaci, 16, 106. — *Epouse de Guigues VII. † 16 avril 1310.*
Beaumont (Ludovicus de), prior. 12. = Bello Monte.
Bella Comba (Giraudus de),*24. —B-ae C-ae castellanus et mandamentum,*41. — *Bellecombe, ce de Chapareillan.*
Bello Forti (Raynaudus de),*36. — *Beaufort, c. de Roybon, a. de St-Marcellin.*
Bello Monte (Amblardus de),*37: — (dominus de),*44. — *Anj. Saint-Michel, ce du Touvet, a. de Grenoble.*
Bello Videre (de), 21. — *Bellivisus* (Carmelitarum) conventus, *47. — *Beauvoir, c. de Pont-en-Royans, a. de St-Marcellin.*
BELLONIS (Glaud. et Michael),*68.
BENEDICTI (Johannes), 82, *38 ; — (Petrus), 100, *32.
BERENGARIA, uxor G. Rachecii, 103.
BERGERANDI (Joannes), *60.
BERLIONIS (Jacobus), testis, *60.
BERNERII (Amedeus) de Voyr.*60.
BIATRISIA, uxor Drev. Durandi, 73.
BLAFFARDOR. (S.), 123.
Blancheria (iter publ. de),*46.— B-am (prope),*44. — *Chemin de la Blancherie, à Grenoble* (v. le plan).
BLARDON (Dominicus), prof. 1.
BLEYN (Martinus), 28.
BOENCO (Guichardus de), *47.— *Anj. Hautecour, c. de Ceyzeriat (Ain).*
Bois (Stephanus), convers. 82.
Bol... (habitator), 65. —
Bolliaco (Petrus de), *56.—
Bolligny (Regnerius de),*62. —
BOMPARIS (Jacobus), nob.,*57.

Bona (Raymundus de) [*Hérèque de Vaison,1380-1395?*], 7. —
BONETI (Anthonius). *68.
BONI (Johannes), 76.
BONIFACIUS papa VIII [1295-1303], *30.
Boquoyrone (Berno dom. de),137; — (Petrus de), 146. — *Bouquéron, ce de Corenc, a. de Grenoble.* [ris,*20.
BORNONENSES,*19. 20; eorum turBORNONIS (Claudius), lector,*60.
Bosonis (Chaberti) relicta, 9.
Bossozello (Guido de), *24. — *Bocsozel, ce de Gillonay, a. de Vienne.*
Bourgogne (duc de).*54.—*B.(F.)*
BOURNONIS (Glaudus), 45.
BOVERII (Petrus), testis, *70.
Boyquorone : *vid.* Boquoyrone.
Breumo (de), *46. —
BRIANDE (Alisia), 81.
Brolii (platea),*26-7. — *Place du Breuil, à Grenoble* (v. le plan).
Brueyl (le), campus,*18. — *Ibid.*
BRUSI (Antonius), consul, *60.
BRUSOUDI (Guillelmus),*24.
BUBODI (Guillel.), curatus. 105.
BUEYMONDI (Guelisius),*19, 20.
BUISONIS (Johannes), frater, 71.
Burgo (Armandus de), *47.
Buxeria (de).*44.— *La Buissière, c. du Touvet, c. de Grenoble.*
Buxia (de), 19. — *La Buisse.*
BYESLY (Stephanus), procur.*69.
BYVIAC (Petrus), notarius,*22.

Calix, 46; — 5 marcharum, 40.
Camera (Johannetus de),*34.—
Campaniae visitator, 26.— *Champagne (Fr.)*
CAMPANODI (Nicolaus), fr. *60.
Campisauri (dux), *40. — *Le Champsaur*.
CANACIE (Johannes), 102.
Canpis (de), 61. — *Champ.*
*Capitulum* provinciale, 17.
CAROLO (Chaffredus), consil.,*71.
CARTERII (Mathaeus), frater, *60.
CASLINI (Joannes),*70.
CASSARDI (Michael), civis,*60.

Cassinatico. Casti-o (Beatrix de), 36; — (Fr[anciscus] de), 56.— *Sassenage, a. de Grenoble.*
Castello (Guigo de). 19. —
Castillione (dominus de), 62. —
Castro Duplici (de), 60. — *Châteaudouble. a. de Valence.*
Castrinovi dominus. 63.—
Cavalicensis (praepositus ecclesiae), 134. — *Cavaillon, a. d'Avignon.*
Chaberti (Petrus), nobilis, 60.
Chalvesii (Guillelmi) uxor. 13.
Chalveti (Johannes), 59, 61.
Chambaran (de), 99. — *Bois de ce nom, dans l'a. de St-Marcellin?*
Chanevez (Henrycus). 38.
Chanigiliaco (Petrus de). 66.—?
Chanteprune (Adam), trésor. 48.
Charat (de), 62. —
Charles. roi de France [V, 1364-80]. 47. 49. 51; [VI, 1380-1422], 53; [VIII, 1483-98], 71.
Charusii (insula). 30. — *Ile de Chervis, formée par la Bourne.*
Chasicer (Thoinenus), 41. [*bre.*
Chaunesia (da Aynarta). 50.
Chaunesii (Joannes), 46.
Chesia (Ludovica de). 74. —
Chissiaco, C-sti-o (Aymo de). episcopus Gratianopol. (II, 1427- † 2 juil. 1450), 32, 62; — (Johannes de), episcopus Gratianop. [II, 1338-50], 44-5; — (Rodulphus de). canonicus Lausan., 45. — *Chissé (Sav.)*
Chusin (Petrus), prior, 16.
Clareti (Hugo) de Osso, 107.
Clasio, Claysio (Aymo de), canon. 38; — (Joannes de), 45; — (Marchisius de), 31; — (presbyteri de), 94. — *Claix, c. de Vif, a. de Grenoble.*
Clemens papa VI [1342-52], 43.
Clementis (bi) festum [23 nov.]. 28-9; — (Guillelmus), legum doctor, 60.
Cocti (Claudius), civis, 60.
Comeriis (Peroneta de), 46; — (Regnauda de), 129. — *Com-*

*miers, c. de Vizille, a. de Grenoble.*
Computorum auditores, 37.
Coxoudus, frater ord. Praedicat., 45.
Constantii (Nicolaus), miles, 128.
Convenarum comes (Johannes), 65 — *Comminges (Fr.)*
Corderii (? Mermetus), 34; — (Petrus). 44.
Correyo (Garnerius de), 24.
Cors (Johannes de), episcopus Tiburtinus [1338 - † 28 août 1342], 136, 43-4-5.
Cristae Arnaudi (Fratres Minores), 70. — *Crest, a. de Die (D.)*
Cruce (de), 64; — (Guillelmus de), 56, 60. [27.
Curiae comitatuum (judex), 24,

Dalphinale, D-lia, D-lis cancellarius, 43, 47; —clericus, 87; — computa, 87 b; — consiliarius, 102, 118, 68; — consilium, 134; — gubernator, 65, 71; — procurator, 47; — protonotarius, 38; — secretarius, 58, 70.
Dalphinatus. 68. — *Dauphiné.*
Dalphiné, Daul-é. 47-8-9, 50-1-2-3-4, 56, 62, 64, 71.
Dalphinii (Joannes), frater, 60.
Darbonis (Johan.) al. Becho, 112.
Dechargior, D-rs (lo), 39, 40.
Dedini (Johannes), nobilis, 85.
Diensis comes, 6., 64, 71. — *Die (D.)*
Disderii (Johannes), 54.
Disdier (Nicolaus), pater, 78.
Domenae prior, 9, 15.—*Domène, a. de Grenoble.*
Dominicus (bus), 30, 34; ejus ordo. 45.
Dracum, Dravum (parvum), Dravetum, aqua, 27, 31, 44, 46, 57; ejus portale. 58; — ripperia, 66. — *Le Drac, riv. afft. de l'Isère, r. g., a. de Grenoble.* [60.
Durandi (Drevo), 73; —(Guillel.),
Dya (Jacobus de), 44.—*Die (D.)*

Ega (Petri) domus, *19.
E Emssein en Almaigne, *55.—
Epiphania Domini [6 janv.],*32.
Erbesio(curatusde): Guil.Bubodi.
— Herbeys, c. de Grenoble.
Estissac (dominus d'), *62.
Estocus, ejus campus,* 20.
Eychirolias (versus), *65-6. —
Echirolles, c. de Grenoble.
Eynardi (Petrus), d. de Geria, 30.

Fabri, F-ry (Guigo), *32; —
(Johannes), *60; — (Petrus),
*39 (al. Feio), 40, 46; — (Raymundus), *56, 60.
Fabricis (Martinus de), *35. —
Faverges, c. de la Tour-du-Pin.
Fachon (Joannes Nicolaus), 12.
Falconeta, uxor R. de M. Ors. 60.
Falquetus, draperius, 35, 107.
Faverii (Maretus), 43, *15.
Felix (Franciscus), prior conv. 77.
Feurier (Franciscus), subprior, 65.
Filosi (Lantermus) de Vivo, 34.
Florenus, 5, 6, 134, *51, 59, 63-4; — auri, 15, 80, 82, *15, 37, 45, 48-9; — monetae, *67.
Folcuet ? (Bened.), doctor, 25.
Follano (Petrus de), *19. —
? Foillans, cᵉ de Fontaines (I.)
Fontaines (le sire de), *55. [58.
Forasterii (Hugo), secr. dalph.,
Forisio (in), *24. — Le Forez.
Fornerii (Guilhelmus), *47.
Franciae, F-corum marescallus,
*65; — provincia, 23; p-alis,
*60; — rex, *44, 49, 51, 53, 65.
— France.
Frumenti (Guigo), not. *44.
Fuciniaci, Fusc-i domina, 16,106.
— Le Faucigny (Savoie).
Fuxo et Stampis (comes de), *71.

Gado (Petrus de), *22. — Le
Gua, c. de Vif, a. de Grenoble.
Gapoudi (tenementum), *19.
Galberti (Anthonius), not. *68.
Galliani (Petrus), *70.
Gallifeti (Guilhelmus), not. *70.
Garcin (Laurentius), 61.

Garcine ? (Peroneta), 80.
Garcini (Guillelmus), 119.
Garnerii (Petri) campus, *19.
Garnier (Georgius), conv., 30.
Garsini (Guillonis) uxor, 23.
Gauteronis (Hen[ricus]), *71.
Generis (Johannes), licent. 118.
Geneveysii (Guillelmus), *45.
Geneveysio (de), *45. — Le Genevois.
Geria (dom. de), 30; — (Johannes de), *24; — (Petrus de),
20. — Gières, c. de Grenoble.
Gichonis (Ponceti) relicta, 55.
Giletus (d.), miles, 40, 56. [134.
Gilinonis (Guillelmus), praes.,
Girardi (Tybaudus), mag., *56.
Giraudi (Hugo), civis, *60.
Giroudi (Guillelmus), *45.
Goncelino (de), *24; — (Johannes de), *24, 27. — Goncelin,
a. de Grenoble. [*60.
Gondrandi (Joannes) al. Magnini,
Gracianopolis, Gration-s, G-itan.
capitulum, *21-2, 25, 28; —
castellanus, *27, 37-8, 42, 47,
66; — civis, 40, *24, 38-9, 44-5; — civitas, *19, 30, 40, 48,
53-4-5, 61, 69; ejus muri, *25;
conrearius, *20, 66; —consules,
*66, 68; — curiae communis operatorium, *38; — decanus, *28;
— diœcesis, 25, *36, 39, 44, 46;
—ecclesia, *21, 28, 56; e-ae majoris canonicus, 38; — episcopatus, *24, 31-2; — episcopi:
Aymo de Chissiaco, Guillelmus,
Johannes de Chissiaco; — fossalia, *65-6; fossata, *68; —
gymnasium, 12; — judex communis, *27, 66; — lycaeum, 23;
— mœnia, *68, 70; — officiarii, *66; — pedagium, *37-8,
42, 48-9, 51; — portale, *65;
— syndici, *68; — territorium,
*21, 27, 31; — tributa, *59;
—universitas, *58-9.—Grenoble.
Graillii (Petrus), civis, *60.
Grassi (Julianus), civis, *19.
Graysivodani bayllivus, *37, 42,
47; —judex, *47. — Le Graisivaudan.

Grenoble, Grisn-e. = Gracianop.
Grinde (Margarita), 126; — (Petrus), *19.
Grivelli (Joannes), capell., *32.
Gruel (Petrus), mag., *66.
Gruelli (Thomas), canon., *32.
Guigone (Benastrua), rel., 82.
Guigoneta, mater, 50; — uxor, 117.
Guillelma, uxor H. Forast., 58.
Guillelmus, episcopus Gratianopol. [III de Royn, 1281-1302], *19, 23-4-5-6, 28, 30; [IV de Royn, 1302-1337], *31.

Hebert (Georgius), subprior, 93.
Humberti (Claud.), frat., *60.
Humbertus, delphinus [I, 1282- † 18 avril 1307], *26-7-8-9, 30; [II, 1333-49, † 22 mai 1355], 27, 132, 135, *36, 38, 40-1, 43, 45, 49.
Hungaria (Beatrix de), *33. — Hongrie.

Incarnationis annus, *23.
Isarae flumen, *46. — Isère.
Ismidonis (Guillelmus), 5. [vir.

Jacerandi (Johan.), prior, *35.
Jacobi (bb.) major et minor, 38.
Jacquemeti anniversarium, 24.
Jaczarandi (Johan.), subprior,
Jail (Leonardus), prior, 67. [*38.
Jammy (Petrus), professor, 92.
Jansens (Ludovicus), cantor, 44.
Jaquemini (Johan.) de regno, 39.
JESU Christi sum sepulcrum, *37.
Jocalia delphinae, *33-4.
Joffredi (Justetus et Petrus), *70.
Jofreda, uxor Pet. Vigoti, 89.
Johannes, delphinus [II, 1307- † 5 mars 1319], *33.
Johannis Baptistae festum, *30, 48.
Jomari (Guillelmus), not., *33-4.
Josserand (Jehan), souz prieur, *51.
Joucerandi (Johannes), *33.
Juliani (Michael), prior, 26.

Katerina, uxor G. Artodi, 101, [*15.

Lagia (Joannes), subprior, 104.
Lambert (Baltasar), subprior, 69.
Lausanae canonicus, *45. — Lausanne (Suis.)
Lemps (Leuczo de), *44. — Le Grand-Lemps, a. de Bourgoin.
Lois, daulphin [1440-61], *54, 64.
Lombardi (Georgius), 67.
Lorasio (Hugo de), *70. —
Louppy (sire de), 48.
Louvre (chastel de), *53.
Ludovicus, delphinus Viennensis [1440-1461], *61; — rex Francorum [XI, 1461-83], *63.
Lugdunensis archiepiscopus, *44; — diœcesis, 39, *47; — prior, *23. — Lyon (Rh.) [9, *45.
Luppe (Joffredus), prior Domenae,
Lyon (donné à), *71. — Rh.

Macheti (Guillelmus), *34.
Machicoleys (foramina de), *57. — Mâchicoulis. [31.
Mainthier (Ludovicus), praed.,
Majoribus (Johannes de), 36. —
Malbacensis (conv.) prior, 104. — Maubec, a. de Vienne.
Malo Rigardo (Andreas de), *60. — Mauregard....
Maloc (Leonia de), 21. — ?
Margalli (Guigo), cler. *36.
Margareta, relicta, 55; — uxor, 119.
Maria (b²) virgo, *45, 61; missa de ea, *32.
Marie Magdalenes (bæ) fest., *19.
Marolio (Joannes de), *56. — Marolles, fam.
Marrelli (Joannes), civis, *60.
Martini (Jacobus), presb. *36.
Massiliae praeceptor, *44. — Marseille (B.-du-R.)
Mathi (Jacobus) de Charat, 62.
Mayachii (Joannes), civis, *60.
Mercerii (Guillelmus), 46; — (Hugo), *44; — (Jacobus), *60; — (Johannes), 113.

MESTADERI (Antonius), synd., *68.
MINORUM (FF.) Cristae guardianus, *70. — *Fondés en 1220*.
MISTRALIS (Clericus), 65.
Moerentii (locus), *70. — *Moirans, a. de St-Marcellin*.
Molaris (Johannes de), 17. —
Molissonis decanus, 148 b. — *Monthuçon (Allier)*.
MONACHI (Antonius), fr. *70.
MONERII (Franciscus), *70.
*Moneta* currens, 123; — papalis, 54; — Viennensis, *20, 30, 33-4, 47.
Monmelianum in Sabaudia, 12. — *Montmélian (Sav.)*
Monmerro (Johannes de), *45. —
Monte Bonodo (de), *68; — (Jacobus de), *39; — (Johannes de), 50. — *Montbonnot, c. de Grenoble*.
Monte Faventio (cardinalis de) [1316-42], *44. — *Montfavet, ce d'Avignon (V.)*
Monte Orserio (Raimbaudus de), 60. — *Montorcier, ce de St-Jean-St-Nicolas (H<sup>tes</sup>-Alpes)*.
Monte Pessulano (Petrus de), *47. — *Montpellier (Hérault)*.
Montferrat (Petrus de), 23. —
Montibus (Petrus de), *60. —
Montis Floriti monasterium, *46. — *Montfleury, ce de Corenc*.
MONUERII (Antonius), *60.
MORELLI (Jacobus) de Buxia, 19.
Morgiis (Petrus de), 124. — *Morges, ce de Cordeac, c. de Mortuis (missa de)*, *32. [Mens.
MUGUETI (Joannes), lat. *45.
MULETI (Anth[onius]), *74.
Mura (de), *19. — *La Mure (Is.)*
Muratensis (N. Fachon), 12. —

Narbonae vicecomes et dominus, *71. — *Narbonne*.
*Nativitatis* annus, *31, 33, 35, 38-9, 42, 56, 62, 64, 67.
Navarrae praeceptor, *47. — *Navarre*.
Normannia (bellum in), 135. — *Normandie*.

Nostrae Dominae de Mesaige (parrochia), 15. — *Notre-Dame-de-Mézage, c. de Vizille*.
Nozeriis (Jacobus de), *60. — *Nozières, a. de Tournon (Ard.)*

Octana (Perrerius et Petrus de), *45. — *Holonne (Ain)*.
ODONIS (Joannes), frater, *60.
*Organorum* fabrica, 36.
Originaco (Petrus de), 87 b. — *Origny (Yonne)*.
Origniaco (Joannes [de]), *56. —
Osso (H. Clareti de), 107. — *Oz, c. de Bourg-d'Oisans*.
Ostiis (de), *38. —
OYETI (Stephanus), fr. *60.

Palairey (domus de), 104.
Palatinus comes, *40.
PALMERII (Joh.) praesidens, *71.
PAQUERATI (Guillermus), *70.
Paris (donné à), *48, 50, 53-4.
Parisiensis doctor, 12, 18, 25, 67, 113, 120, *46. — *Ibid*.
Parisiis (obitus), 120. — *Paris*.
Parma (Franciscus de), *44. — *Parme (Ital.)*
*Participatio* missae, 73, 80, 85, *15.
Pasceriis (de), 5. — *Pâquier, c. de La Cluze, a. de Grenoble*.
PASCHALIS (Margareta), 23.
PASCHASIA, uxor J. de V. N., 115.
Passiaco (Henricus de), 79. —
Patriae (nobiles hujus), 135.
PELICERLE (Anneta), 131.
PELISSON (Joan.), prior, 120.
*Peregrinatio* ultramarina, *37.
Pertuseriae posteria, *56-7. — *P-iam (locus versus)*, *19. — *A Grenoble*.
Petram Guilliat (locus superius), *67.
PETRI (Marina), 75.
PICONIS (Florimundus), *70.
PILATI (Humbertus), *41, 44; — (Joannes), *60.
PISETI (Petrus), notar., *36.
Piro (Anthonius de), 15. —
*Piscatura* lacuum in Abissu, *40-1.
POITIERS (pour P. Oitiers?), *62.

POMENE (Joan.), doctor, 18.
PONCERII (Stephanus), 42.
PONCII (Pon[cius]), * 71.
Ponte (Armandonus de), * 40; —
 (doms de), 36; — (Johannes
 de), 40. —
PORRETI (Joannes) not., * 56, 60.
Portis (Symo de), al. Lymogni, 59.
PRÆDICATORUM (FF.) concionator
 gener., 93; — definitor gen., 22;
 — ordo, * 19, 22-3-4-5, 27-8,
 30, 33, 39, 51, 53-4, 59; ejus
 magister et prior, * 21 ; — prae-
 dicator gener., 31 ; — provincialis, 22, 25, 83, 143. = Gratianopolis adjutores, * 27, 29;
 — altare majus, * 32; — cantor, 44, 46; —capitulum, 33-4;
 — chorus, 27, 31, 72, 82, 108;
 — claustrum, 6; — clausura,
 * 25; — collegium, 92; — conventus, 113, * 1, 15-6, passim ;
 ejus fortificatio, 32, * 15; fossata, * 15; fundator, 84, * 23;
 reparator, 83; — domus, * 21, 23-
 4, 31, 33-4, 40; — donatus, 90;
 — dormitorium, * 42, 46, 48 ;
 — ecclesia, 11, 32, 36, * 1, 32-3,
 37, 42, 48, 65-6, 68, 70 ;
 familia, * 27, 29; — fundatio,
 * 30; — lector, * 36; —magister
 novitiorum, 65; — monasterium, * 30, 44; — novitii, 74; —
 patronus, * 20, 23; — porta magna, 6; — prior, 12, 18, 22-3,
 25-6, 49, 93, 113, * 16, 21, 23,
 33-4-5, 43, 65-6-7, 69; — procurator, 120, * 33-4-5, 38, 65,
 69; — sacrista, 120; — sanctua-
 rium, 18, 23, 49, 65, 67, 93, 113;
 — sindicus, 104; — subprior,
 65, 93 (in capite), 104, 120, * 31,
 35, 38, 43, 51 ; — termini, * 25;
 — viridarium, * 35-6.
PRÉ (Jacobus), doctor, 110.
PUTODI (A[ntonius]), * 71.

RABOTI (Johannes), 68-9, 70-1.
RACHECH (Guillelmus), 103.
RAFINI (Johannes), 91.
RANULPHI (Martinus), * 32; —
 (Petrus), * 40.
RAVOLI : vid. Revoli.
RAYMUNDI (Henricus), 102.
RAYMUNDUS (frater), 70; — prior
 Lugdunensis, * 23.
REPELLINI (Rodulphus), * 70.
Revello (dominus de), 10 ; —
 (Franciscus de), * 44. — Revel,
 a. de Grenoble.
REVOLI, R-LLI (Johannes), frater.
 * 43-4-5; — episcopus Aurasi-
 cen. [22 mars 1349-1350],
 2, 51, 63, 120, 127.
REYMONDI (Guelisius), 84.
RICHARDI (Joh.), al. Fargala, 6.
RIDELLI (Joannes), fr. * 60.
RIPANDI (Stephanus), * 60.
RIVERIE (Jacobus), * 44, 47.
RIZELLI (Andreas), * 68, 70.
ROBERTI (Johannes), 123.
ROCHETTE (Jacobus), 113, * 46.
RODULPHA, relicta Symonis, 33.
RODULPHI (Jacobus), * 60.
ROGERII (Joannes), civis, * 60.
ROLANDI (Nicolaus), * 56.
Romanis (de), 116, * 60; —(An-
 dreas de), 81 ; —(Johannes de),
 104; — (in), 104. — R-ns (à),
 * 65. — Romans.
ROMILIASSI (Petrus), * 68.
ROSSETI (Raphael), * 67, 69.
ROSSIGNOL (Theodorus), 49.
Rossillione (Amedeus de), * 44. —
 Roussillon, a. de Vienne.
Rovoyria (de), * 45.
Royanis (in), * 47. — Le Royans (I.)
RUFFI, RUFI (Andreas), 108; —
 (Jaquemetus), * 24; — (Ray-
 mundus), 7.
Rupe (Eygelina de), 47. —

SALE ? (Johannes), 80.
Saltu (Giraudus de), * 47. —
 Sault, a. de Carpentras (V.)
Sancti Andreae praepositus, 130;
 — (ecclesiae) canonicus, * 15;
 — (—) praepositura, * 58. —
 St-André de Grenoble.
Sᵗⁱ Anthonii ordo, * 45. — Sᵒ A-io
 (de), 55. — St-Antoine (I.)
Beati Blasii altare, * 15.

Sanctae Caterinae capella, * 67.
Sancti Donati prior, * 64. — *St-Donat, a. de Valence (D.)*
S° Dyonisio (Petrus de), * 47. —
Sancti Felicis abbas [*Didier II de Sassenage*, 1283- † 23 juil. 1318], 43. — *St-Félix de Valence.*
S° Flore (Johannes de), * 36. —
Sancti Genesii de Malifaut (parrochia), 39. — *St-Genest-Malifaux, a. de St-Etienne(L.)*
Sancti Honorati conventus, 120. — *St-Honoré à Paris.*
Beati Jacobi altare, * 45 ; — capella, 73. — *A Grenoble.*
Si Joannis Gratianopolis parrochia, * 70. — *A Grenoble.*
Sancto Marcellino (dat. in), * 42. *St-Marcellin, s. préf. (I.)*
Beatae Mariae de Saletis (ecclesia et monasterium), * 47. — *Salettes, c° de La Balme (I.)*
B⁸ Mariae de Vallibus (parrochia), 59. — *Notre-Dame-de-Vaulx (Is.)*
B⁸ Mariae Gratianopolis (canonicus), * 32 ; — (capitulum), * 23. *Notre-Dame, cathédr. de Grenoble.* |* 19.
B⁸ Mariae Magdalenes (altare),
B⁸ Mariae de Pietate (capella), * 67.
Si Martini de Miseriaco (canonicus), * 32. — *St-Martin-de-Miséré (I.)*
S° Martino (Johannes de), * 60. —
Sancti Petri foris portam Gratianopolis (campus), * 19 ; — (ecclesia), * 23, 25. — *Au S. de Grenoble.*
Si Petri martyris altare, 107, * 45 ; — capella, * 58, 69.
Sanctum Ylarium (apud), * 25, 30. *St-Hilaire, c. du Touvet (I.)*
Si Ysmerii parrochia, * 67-8. — *St-Ismier, c. de Grenoble.*
Sanglier (Jehan), * 55.
Sappeto (Claudius de), * 68. — *Le Sappey, c. de Grenoble.*
Sarazinorum murus, * 17.
Senonensis, 87 b ; — conventus, 69, 77. — *Sens (Yonne).*

Sibilla, uxor G. Reymondi, 84.
Simonardi (Petrus), fr. * 60.
Sonnerii (Claud. et Eynard.), * 60.
Sorelli (Vitalis), dom., 97.
Sourelle (Johanneta), 61.
Symo (magister), 33.
Symonsii (Petrus), notar., * 40.

Tabaret (Benedictus), 72.
Taluers (Johannes de), * 24. — *Taluyers, a. de Lyon (Rh.)*
Tardivonis (Rigaudus), * 60.
Terrach (Johan.), dom., 29.
Textoris (Guigo), 114 ; — (Johannes, 14.
Thesio (Franciscus de), * 44. — *Theys, c. de Goncelin (I.)*
Tiburtinus episcopus : Johannes de Cors. — *Tivoli (Ital.)*
Tornatoris (Franciscus), * 68.
Treforcio (Johannes de), * 23, 25. — *Treffort, a. de Grenoble.*
Trignel (dom. de), 66. —
Trionia, Troyna porta, * 21, 30, 44, 57-8. — *Traine, à Grenoble.*
Tungrensis conventus, 44. —
Turnone (Aymara de), 133. — *Tournon (Ard.)*
Turre (dom⁸ de), * 26 ; — (dominus de), * 26-7-8-9, 36. — *La Tour-du-Pin.*

Ug..ndi (Johannes), 81.
Unigeniti (Pontius), 57.

Vado (Lantelmus de), * 24. = *Gado.*
Valentinus comes, * 61, 64, 71. *Le Valentinois (D.)*
Valerii (Michaletus), * 61.
Valle (Johannes de), 48. — *Laval, c. de Domène, a. de Grenoble.*
Valle Navigii, N-io (Andreas de), 38, 72 ; — (Guigo de), * 35, 40 ; — (Johannes de), 63, * 29 ; — (Raynaudus de), * 36. — *Vaulnaveys, c. de Vizille (I.)*
Vallier (Laurentius), 22.
Vallis Bonesii dominus, 18. —

*Valbonnais*, a. de Grenoble.
Vallem Breyssiaci (apud), * 33. — *Laval-Bressieux*, Citeaux (*I.*)
Varcia : *vid.* Varsia.
VARLETI (Petrus), notar. * 33.
Varseyo (Bonafama de), 8. =
Varsia (de), 96 ; — (Lant[elmus] de), * 24. — *Varces*, c. de Vif (*I.*)
Vasionensis episcopus, 7 — *Vaison* (*Vaucl.*)
Velchia (Philippus de), * 24. — *Veauche*, c. de Saint-Galmier (*Loire*).
Vennone (Petrus de), * 45. — *Venon*, c. de Grenoble.
Ventis (Joh[annes] de), * 71. — ?
Vercors (Joannes de). = Cors.
Verone (de), 131. — *Véronne* (*D.*)
Veuriaco (de), * 47. — *Véria* (*Jura*).
VIALE (Johanneta), 13.
VIDEL (Alphons.), doctor, 120.
Viennensis comes, * 26-7-8-9, 36, 40 ; — comitatus, * 24, 27 ; — comitissa, * 26, 30 ; — delphina, 68 ; — delphinus, * 40-1, 43, 45, 48-9, 51, 53-4, 61, 64-5, 71,

— dioecesis, * 33. — *Viennois et Vienne* (*I.*)
VIENNESII (Petrus), 3, 52, 64, 106.
Vienoys (nob. Alamania de), 9.—
VIGOTI (Petri) uxor, 89.
Vilariis (Henricus de), archiepisc. Lugdunen. [*1342* † *25 nov. 1355*], * 44.
Villa Nova (Johannes de), 115. —
VILLETI (Berthonus), * 38.
Vincennes (bois de), * 49.
Virgulto (Petrus de), * 67. — ?
VITALIS (frater), subprior, * 31-2 ; — (Joanneta filia Odonis), * 44.
Vivo (de), 34. — *Vif*, a. de Grenoble.
Vorapio (de), * 34. — *Voreppe*, a. de Grenoble.
Voyrone (de), 73, * 60. — *Voiron*, a. de Grenoble.

YMBERT, dauphin de Viennois, * 48, 51-2. = Humbertus II.

ZUPI (Andreas), 108.

---

[*Les mots, formes et acceptions de l'Index onomastique ci-après non mentionnés dans le Glossarium de* DUCANGE *sont en italiques*].

*Abergator*, 17. Adcensare, * 68. Advisare, * 56, 62. *Ajudicare*, * 20. Albergare, * 68. Alciare, * 56. Allocare, * 64. *Amillum*, 101. *Ampula* argent., 42. *Apotecarius*, * 39. Appunctuare, A-amentum, * 63. Aureos (don. ultra 500), * 22, 24. — Ballivus, * 27. Bannum, * 47. Bastida, * 44. *Berbrachia*, * 57-8-9. Bossia, * 67. Briga, * 39. *Buta*, * 68, 70. — Camera, * 67. Cancellarius, 136. Capellus auri, * 34. Carreria, * 31, 44. Census, * 20, 25. Commemoratio, * 46. Confrérie, * 71. Confrontare, * 20-1. *Contruhere*, * 19, 20. Corona auri, 123, * 34. Corporale, 101. Crux argent. 68. Cuva, * 67. —Deliberare, * 38. Devestire, * 20, 47, 68. Deminium, * 20, 46, 69. Ducatus auri, 32, * 15. — Emenda, * 46. E-are, * 40. *Evangelia*, * 34, 39. — Factura, * 15. Fenestra, * 25, 31, 57. Feudum, * 20, 46. Firmarius, * 64. Forum animal. * 26-7. — Grossus, 38, 48. — Habitus relig. * 67. Helemosina, * 21, 33. — Imperium merum et mixtum, * 46. Indulgentiae (dies), 32. Indumenta sollem. 7. Intrata, * 63. Investire, * 20,

23, 25, 32, 37, 41, 44, 47. — Laborator, \* 70. Lampas altar. 107. Latrinae, \* 36. Laudare, \* 41. Laudes, \* 46. Laudimium, \* 20, 45. Libra, 35, 50, 113-4, 117-8. Littera pargam. \* 38. — Mansio, \* 67. *Marcha*, 40, 42. Mitana, \* 23. Molitura,\*40. — *Nayssium*, \* 36. — Ordinarius, \* 23. — Pagamentum, \* 64. Peciola terrae,\*31. Pertuseria, \* 25. *Peylum*, \* 40. Pictancia, 20, 38. Pidancia, \* 67. *Planchiamentum*, \* 56. Plassagium, \* 69, 70. *Porciola* horti, \* 32. Posticum, \* 25. Psalterium, 108. — Quadrum, \* 56. Quartale, 107. Quarto, \* 63. — Ratificare, \* 41. Recurare, \* 35. Retinementum, \* 46. Retinere, \* 20-1. — Salvare, \* 29. *Scutatum*, \* 15. Scutum auri, 36. *Senoria*, \* 20. *Sestariata*,\*67. Sesterium, 116. Signetum, \* 64. Solidus, 63. *Somata*, \* 67. *Summata*, 93. *Syncopure*, \* 58. — Tela, 101. Tenuta, \* 37. Terrayllium, \* 35-6, 39, 40. Teysia,\*31, 57-8. Tina, \* 67. Traditio baculi, \* 20. *Tupa*, \* 40. — Venda, \* 46. Venditiones, \* 20, 45.

Romans. — Imprimerie Rosier.

www.ingramcontent.com/pod-product-compliance
Lightning Source LLC
LaVergne TN
LVHW050618090426
835512LV00008B/1543